ZUSAMMENHALTEN LOHNT SICH!

2019 dachte die Bootsbranche, ihr ginge es schlecht, weil die Schleuse Zaaren gesperrt war und damit der Wasserweg von Berlin an die Müritz unterbrochen war. Mal davon abgesehen, dass dann die Corona-Jahre 2020 und 2021 kamen, hatte die Sperrung in Zaaren neben den mittlerweile erneuerten Schleusenhäuptern einen positiven Effekt: Erstmals haben sich große und kleine Bootsverleiher, Hafenbetreiber und andere, die im Wassertourismus zwischen Elbe und Oder ihren Lebensunterhalt verdienen, zusammengetan und ihren Unmut zum Ausdruck gebracht. Und sie haben laut darauf hingewiesen, dass die Wasserstraßeninfrastruktur gerade an den für Freizeitschiffer interessanten Nebenwasserstraßen seit Jahrzehnten vernachlässigt wird. Natürlich ist eine Schleuse an einem lauschigen Brandenburger Kanälchen nicht so wichtig wie eine an einem Großschifffahrtsweg, aber dass man sie deshalb verfallen lässt, muss ja auch nicht sein.

Der geballte und gemeinschaftliche Protest setzte ein Umdenken im Bundesverkehrsministerium in Gang. Mit Wirkung zum 9. Juni 2021 hat der Bundestag eine mittlere Revolution beschlossen: Der § 1 (1) des Bundeswasserstraßengesetzes lautet seitdem: „Bundeswasserstraßen nach diesem Gesetz sind die Binnenwasserstraßen des Bundes, die dem Verkehr mit Güter- und Fahrgastschiffen oder der Sport- und Freizeitschifffahrt mit Wasserfahrzeugen dienen …" Ganze 100 Jahre hatte sich in dem Gesetz die Definition gehalten, Reichs- und später Bundeswasserstraßen seien Wasserstraßen, die „dem allgemeinem Verkehr dienen" – und das war eben die Güterschifffahrt. Wer nur zum Spaß auf den Seen herumsegelte oder mit einem Charterboot einen Kanal entlangtuckerte musste seit 1921 (als das Deutsche Reich die wichtigsten Wasserstraßen per Staatsvertrag von den Ländern übernahm) nicht sonderlich beachtet werden. Im Gegenteil, mangels konkreter Zuständigkeit hatte es die Bundeswasserstraßenverwaltung in Zeiten knapper Kassen oft schwer, Geld für Nebenwasserstraßen auszugeben, selbst wenn sie es wollte. So verfiel nach und nach die Bausubstanz der Schleusen, Wehre und Kanalböschungen aus der Weimarer Zeit. Dauergesperrte Schleusen wie Kannenburg und Quitzöbel sind die Folgen, ebenso wie schlecht geplante Teilerneuerungen wie in Zaaren.

Gleichzeitig mit dem neuen Gesetz stellte das Bundesministerium für Verkehr den Masterplan Freizeitschifffahrt vor. Viel von dem, was sich die Protestierenden von Zaaren 2019 gewünscht hatten, fehlt in diesem Masterplan: Wieviel Geld gibt es für Nebenwasserstraßen und was kommt als erstes dran? Das ist schade. Ein regierungswechselsicherer Fahrplan zur Sanierung der Bauwerke nebst eigenem Etatposten ist das, was jetzt gebraucht wird, um die wassertouristische Infrastruktur für kommende Generationen zu erhalten. Der Masterplan bietet hier wenig Konkretes, aber immerhin Konzepte, wie die Zukunft der Nebenwasserstraßen aussehen könnte. Und er schlägt vor, wie man dahin kommt; setzt außerdem Maßstäbe und Leitlinien. Na klar, das ist nur ein Anfang, nicht mehr – aber auch nicht weniger!

Ein zentraler Punkt ist übrigens die Zusammenarbeit der Bundeswasserstraßenverwaltung mit den Menschen und Organisationen vor Ort. Wir, die wir hier am und auf dem Wasser leben, arbeiten oder unterwegs sind, wissen am besten, was wir in unserem Revier brauchen. Deswegen sind wir alle aufgefordert, mitzumachen, uns und unsere Bedürfnisse und Ideen einzubringen, zu sagen, was wichtig ist. Das Bundesverkehrsministerium lädt uns Bötchenfahrer ein, an Bord zu kommen und den Beamten unsere Bootswelt zu erklären und die Bootswelt, die wir haben wollen. Steigen wir also schnell ein – wer weiß, wie lange die Einladung noch gilt! Mit einer E-Mail an masterplanfreizeitschifffahrt@bmvi.bund.de kann sich jeder registrieren, damit er zu entsprechenden Dialogen eingeladen wird. Gemeinsam sind wir stark!

Einen schönen Törn auf den mecklenburgischen, brandenburgischen und Berliner Gewässern sowie auf je einem Stück Sachsen-Anhalt, Niedersachsen und Polen wünscht Ihnen Quick Maritim Medien

Dagmar Rockel

PS: Bitte beachten Sie unsere Benutzungsanleitung auf der nächsten Seite.

ISBN: 978-3-9806720-5-4

Maßstab

Maßstab der Karten ist 1:50.000. Das bedeutet, ein Zentimeter auf der Karte entspricht 500 Metern in der Natur. Zu Ihrer schnellen Orientierung ist auf jeder Karte ein vier Zentimeter langer Maßstab abgebildet.

Ausrichtung

Die Karten sind annähernd genordet, das heißt der obere Kartenrand ist zugleich der nördliche Rand des dargestellten Gewässerabschnitts. Die Karten sind sowohl im Hochformat als auch im Querformat abgebildet: Bei Karten im Hochformat ist Norden am oberen Seitenrand, bei Karten im Querformat ist Norden am linken Seitenrand. Zu Ihrer schnellen Orientierung ist auf jeder Karte eine Kompassrose mit Nordpfeil abgebildet. Wenn Sie Zirkel, Kursdreieck und oder GPS-Gerät an Bord haben: Am Kartenrand sind die Längen- und Breitengrade vermerkt. Hierbei handelt es sich um das geografische Gitter WGS84.

Tiefenangaben

Auf die zentimetergenaue Bezeichnung von Gewässertiefen haben wir zumeist verzichtet, weil die Gewässer zum Teil seit Jahren nicht mehr vermessen worden sind und es nur fragmentarisch zuverlässige Angaben gibt. Wenn wir zuverlässige Angaben recherchieren konnten, sind diese eingetragen oder farblich dargestellt. Je heller das Blau, desto tiefer das Wasser. Auf Seen ist eine Tiefenlinie bei einer Wassertiefe von zwei Metern eingezeichnet. **Die in der Wasserstraßentabelle (Seite V-VII) angegebene Tiefe ist der Wert, den die Wasser- und Schifffahrtsverwaltung in der Fahrrinne garantiert. Außerhalb ist also genaues Loten angesagt!**

Durchfahrtshöhen/Brücken

Auf den Karten ist jeweils für einen Wasserstraßenabschnitt die niedrigste lichte Höhe einer Brücke eingetragen. Diese Höhe ist immer im Bezug zu einem bestimmten Wasserstand zu sehen. Bedenken Sie bitte, dass die Brückendurchfahrtshöhen nach einem schneereichen Winter oder einem regenreichen Frühjahr geringer sein können als angegeben, in trockenen Sommern können die Wassertiefen geringer sein als angegeben. Aus diesem Grund haben wir nähere Angaben zu den Durchfahrtshöhen in der Wasserstraßentabelle auf Seite V-VII zusammengefasst. Dort finden Sie auch den Wasserstand, auf den sich die Höhe bezieht. Nicht nur ob man samt Boot unter einer Brücke durchpasst ist eine Überlegung wert, sondern auch, an welcher Stelle man am besten durchfährt. Entsprechende Tafeln regeln den Gegenverkehr, weitere Tafeln begrenzen den Fahrwasserbereich, innerhalb dessen die Brücke zu passieren ist. Denn gerade Bogenbrücken älteren Baujahrs sorgen oft für Überraschungen, weil die Sockel der einzelnen Bögen mitunter breiter sind, als es der Fuß des Bogens vermuten lässt.

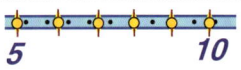

Kilometrierung/Motorbootroute

Die für Motorboote empfohlene Fahrtroute ist mit einer schwarzen gepunkteten Linie dargestellt. Jeder volle Kilometer der Route ist mit einem gelben Punkt mit Querstrich markiert, etwa alle fünf Kilometer ist der Kilometerstand in Ziffern bezeichnet.

Betonnung/Fließrichtung

In Fließrichtung gesehen liegen die roten Tonnen auf der rechten Fahrwasserseite und die grünen Tonnen auf der linken Fahrwasserseite. Die Fließrichtung eines Gewässers ist mit einem Pfeil an oder auf dem Gewässer dargestellt. Bitte bedenken Sie, dass bei Bundeswasserstraßen der Pfeil so eingezeichnet ist, wie es in der Binnenschifffahrtsstraßenordnung definiert ist. Das kann im praktischen Gebrauch zu Verwirrung führen, weil das Wasser tatsächlich andersherum fließt oder das Schleusensymbol auf der Karte in die andere Richtung zeigt. Bitte bedenken Sie, dass Tonnen vertrieben oder versetzt werden können und Schilder an der Wasserstraße von Bäumen und Schilf verdeckt sein können.

Schleusen

Alle Schleusen sind mit einem roten Schleusensymbol und einem gelben Namenskasten gekennzeichnet. Soweit vorhanden sind auch Telefonnummer und UKW-Kanal angegeben. An den Schleusen zwischen Elbe und Oder müssen Sie sich üblicherweise nicht anmelden. Bitte rufen Sie die Schleusen im Interesse eines reibungslosen Schiffsverkehrs nur an, wenn es wirklich nötig ist. Wenn die Größe einer Schleuse das übliche Maß (mindestens etwa 39 x 5,20 m) unterschreitet, haben wir die maximale Größe, die ein Boot haben darf, wenn es die Schleuse durchfahren will, angegeben. **Die Öffnungszeiten sowie eventuelle Sperrungen finden Sie im aktuellen Törnplaner. Informationen, die uns erst nach Drucklegung erreicht haben, können Sie im Internet abrufen: quickmaritim.de, Menüpunkt „Aktuelles". Nutzen Sie diesen Service indem Sie unsere Kanäle auf Facebook und Instagram abonnieren.**

Störkrug 25/30

Anlegemöglichkeiten

Die Anlegemöglichkeiten sind mit einem roten Zeichen und dem Namen des Anlegers markiert. Die Zahl innerhalb des roten Anlegerzeichens ist die Nummer, unter der Sie die Ausstattung des Hafens im Törnplaner Mecklenburgische und Märkische Gewässer nachschlagen können. Mitunter finden Sie einen Anleger aus dem Törnplaner nicht im Törn-

atlas und umgekehrt. Da wir bemüht sind, unsere Bücher so aktuell wie möglich zu halten, ist das unvermeidlich. Die wichtigsten Ausstattungsmerkmale (Strom oder Wasser am Steg, Campingplatz unmittelbar am Anleger, sowie die Möglichkeit, ein im Wasser liegendes Boot zu betanken oder dessen Abwasser abzupumpen) sind mit entsprechenden Zeichen auf den Karten vermerkt.

Vorschriften

Die Geschwindigkeitsbegrenzungen und andere Regelungen für die einzelnen Gewässerabschnitte entnehmen Sie bitte der Wasserstraßentabelle auf Seite V-VII. **Wenn Schilder an der Wasserstraße oder die Betonnung von den Angaben im Törnatlas abweichen, folgen Sie bitte den Schildern bzw. Tonnen an der Wasserstraße!**

BENUTZUNG DER WASSERSTRASSENTABELLE

Aktuelle Änderungen und Sperrungen finden Sie im Internet unter www.quickmaritim.de unter dem Menüpunkt „Aktuelles/Sperrungen" sowie unter www.elwis.de unter dem Menüpunkt „Nachrichten für die Binnenschifffahrt".

A. Tiefenangaben:

Die Gewässertiefen sind wie folgt angegeben:

1. **Schwankend (S)** bedeutet, dass die Wasserstraße mehr oder weniger starken Wasserstandsänderungen unterliegt. Im Frühjahr hat man auf solchen Wasserstraßen üblicherweise mit höheren Wasserständen zu rechnen (und mehr Wassertiefe aber geringerer Brückendurchfahrtshöhe), im Sommer und Herbst ist der Wasserstand oft niedriger. Die aktuellen Wasserstände erfahren Sie bei den telefonischen Pegelansagern (Tabelle Seite VIII), im Internet unter www.elwis.de oder an den Schleusen.

2. Die **Abladetiefe (A)** bezeichnet den Tiefgang, den ein Schiff in Ruheposition hat. Das heißt für Sie: Ihr Boot sollte den gleichen oder nur unwesentlich höheren (etwa 10 bis 20 cm) Tiefgang haben.

3. Die **Tauchtiefe (T)** setzt sich aus der Abladetiefe und dem sogenannten Absunk zusammen. Absunk ist das durch die Fahrt verursachte zusätzliche Eintauchen des Schiffs ins Wasser und wird je nach Rumpfform mit 10 bis 20 cm veranschlagt. Das heißt für Sie: Ihr Boot muss einen geringeren Tiefgang als die Tauchtiefe haben.

4. Mit einem **W** haben wir die **tatsächliche Wassertiefe** benannt. Das bedeutet, Ihr Boot muss einen deutlich geringeren Tiefgang haben als der angegebene Wert. Wann immer es möglich und sinnvoll ist, haben wir unter Bemerkungen notiert, auf welchen Wasserstand sich die Angabe bezieht. Die aktuellen Wasserstände erfahren Sie bei den telefonischen Pegelansagern (Tabelle Seite VIII), im Internet unter www.elwis.de oder an den Schleusen.
Trotz aller Tiefenangaben empfehlen wir grundsätzlich, aber insbesondere in Ufernähe, genaues Loten.

B. Brücken

Die Angabe bezieht sich jeweils auf die geringste Durchfahrtshöhe einer Wasserstraße beziehungsweise eines Abschnitts der Wasserstraße. Eine zuverlässige Höhe kann nur in Verbindung mit dem aktuellen Wasserstand angegeben werden. Wenn nichts anderes genannt ist, gilt die angegebene Höhe bei **Mittelwasser (MW)**. Mittelwasser ist jedoch ein statistischer Wert. Er stellt den in den letzten zehn Jahren an den meisten Tagen des Jahres erreichten Wasserstand dar. Das bedeutet nicht, dass sich der Wasserstand nicht ändern kann! Bei höherem Wasserstand ist die Durchfahrtshöhe niedriger als angegeben, bei niedrigerem Wasserstand ist die Durchfahrtshöhe größer. Wann immer es uns möglich war, haben wir deshalb einen Bezugspegel dazu genannt, dessen Stand Sie über die telefonischen Pegelansager abfragen können.

Höchstschifffahrtswasserstand bezeichnet den Wasserstand, bis zu dem maximal Schiffsverkehr möglich ist. Wenn eine Brückenhöhe also auf diesen Wasserstand bezogen ist, ist ihre Durchfahrtshöhe üblicherweise größer. Bei Mindestschifffahrtswasserstand verhält es sich genau umgekehrt. Normalstau ist der Wasserstand, der üblicherweise auf Kanalabschnitten zwischen zwei Schleusen herrscht. Vom Normalstau wird selten mehr als 10 cm abgewichen.

C. Tempolimits

Alle Geschwindigkeitsbegrenzungen beziehen sich auf Sportboote, die gleichzeitig Kleinfahrzeuge (kürzer als 20 Meter) sind. Für Sportboote die nicht Kleinfahrzeuge sind, gelten sehr häufig andere Bestimmungen. Sie finden diese Regelungen in der Binnenschifffahrtsstraßenordnung, jeweils bei der betreffenden Wasserstraße.

D. Seen

Seen und seeartige Erweiterungen sind Gewässer mit einer Gewässerbreite von mehr als 250 Metern. Die höhere Geschwindigkeit darf nur außerhalb des ufernahen Schutzstreifens gefahren werden. Der ufernahe Schutzstreifen ist eine Wasserfläche von hundert Metern Breite, die parallel zum Ufer verläuft. Innerhalb dieses Streifens dürfen Sportboote auf Bundeswasserstraßen 12 km/h fahren.

WASSERSTRASSEN IM ÜBERBLICK

Wasserstraße	Länge	Tiefe[A]	niedrigste Brücke[B] Ort	km	Höhe	Schleusen-anzahl	Tempolimits[C] auf Flüssen + Kanälen	auf Seen[D]
BHv Brandenburger Niederhavel	7,6 km	S	Luckenberger Brücke Brandenburg	58,23	5,02 m [1]	0	8 km/h	entfällt
		[1] bei 96 cm am UP Brandenburg						
BrK Brandenburger Stadtkanal	4 km	S	Steintorbrücke Brandenburg	57,82	3,04 m [1]	1	8 km/h	entfällt
		[1] bei 214 cm am OP Brandenburg						
BRW Beetzsee-Riewendsee-Wasserstraße	17,5 km	S	Päwesin	18,1	4,30 m [1]	0	8 km/h	25 km/h
		[1] bei 96 cm am UP Brandenburg						
BSK Berlin-Spandauer-Schifffahrtskanal	12,2 km	2 m A	Berlin-Tegel	2,1	4,61 m [1]	1	10 km/h	entfällt
		Fahrverbot für Sportboote zwischen Westhafen (km 8,5) und der Mündung in die SOW (km 12,2); [1] bei 341 cm am OP Plötzensee						
BVK Britzer Verbindungskanal	3,5 km	2 m A	Kiefholzbrücke	2,8	4,51 m [1]	0	10 km/h	entfällt
		[1] bei 88 cm am Pegel Köpenick						
CVK Charlottenburger Verbindungskanal	1,8 km	2 m A	Kaiserin-Augusta-Brücke	0,6	4,78 m [1]	0	8 km/h	entfällt
		[1] bei 276 cm am OP Charlottenburg						
DaW Dahme-Wasserstraße Strecke Einmündung in die SOW bis Einmündung Nottekanal: km 0 bis 8,65	40 km 3 Schleusen	2,10 m A [1]	Schmöckwitzer Brücke	0,23	4,69 m [2]	0	10 km/h	12 km/h [3]
		Segelverbot von Niederlehme (km 7) bis Westufer Krimnicksee (km 10,3); [1] Möllenzugsee 2 m A; [2] bei 41 cm am Pegel Schmöckwitz; [3] das gelockerte Tempolimit für Seen von 25 km/h gilt nur für den Zeuthener See (km 0 bis 3,8)						
Strecke Einmündung Nottekanal bis Einmündung TpG: km 8,65 bis 26		1,60 m A [1]	Straßenbrücke (B 246) Prieros	25,67	4,02 m [2]	1	10 km/h	12 km/h
		Nachtfahrverbot auf Zernsdorfer Lanke und oberhalb Schleuse Neue Mühle (ab km 9,5) von 22 bis 5 Uhr, Segelverbot von Niederlehme (km 7) bis Westufer Krimnicksee (km 10,3); [1] Zernsdorfer Lanke 1,40 m A; [2] bei 156 cm am UP Kummersdorf						
Strecke Einmündung TpG bis Märkisch Buchholz: km 26 bis 40		1,50 m A	Schleusensteg Hermsdorfer Mühle	34	3,5 m [1]	2	8 km/h	12 km/h [2]
		Nachtfahrverbot von 22 bis 5 Uhr; [1] Mindestdurchfahrtshöhe; [2] Tempolimit in Uferrandzonen (hier eine 5 m breite Wasserfläche entlang des Ufers): 7 km/h						
EHK Elbe-Havel-Kanal (bis Kanalbrücke)	61,5 km	2 m T [1]	Behelfsbrücke Güsen	363,13	4,94 m [2]	3	12 km/h [3]	entfällt
		[1] Niegripper Altkanal ca. 1,6 m W, Zufahrt Großer Wusterwitzer See 0,90 m bei 75 cm am UP Brandenburg, Roßdorfer Altkanal 1,75 A; [2] bei 301 cm am UP Zerben, Roßdorfer Altkanal 3,71 m bei 301 cm am UP Zerben, Eisenbahnbrücke Kirchmöser 3,86 bei 283 am UP Wusterwitz; [3] Tempolimit Roßdorfer Altkanal 6 km/h, Niegripper See 8 km/h, Niegripper Altkanal 6 km/h, auf den ausgebauten Strecken des Kanals für Kleinfahrzeuge 15 km /h, Wusterwitzer See 12 km/h						
El Elbe (Magdeburg bis Dömitz)	181,9 km	S	Hubbrücke Magdeburg	325,5	5,05 m [1]	1	keine Beschränkung	
		[1] bei höchstem Schifffahrtswasserstand (555 cm am Pegel Magdeburg-Strombrücke), geschlossen 2,26 m						
FbW Fehrbelliner Wasserstraße	17,5 km	1 m T [1]	Fehrbellin	15,1	3,30 m [2]	1	8 km/h	entfällt
		Nachtfahrverbot von 22 bis 5 Uhr; [1] Amtmannkanal teilweise verkrautet, Befahren mit Booten über 30 cm Tiefgang möglich, aber auf eigene Gefahr; [2] bei Mittelwasser						
FiK Finowkanal Vom Abzweig HOW bis Einmündung HOW: km 57,36 bis 89,5	42,11 km 13 Schleusen	1,20 m T [1]	Fußgängerbrücke Drahthammer	73,89	3,95 m [2]	12	6 km/h	entfällt
		[1] bei 275 cm am OP Schleuse Ruhlsdorf bzw. 50 cm am UP Schleuse Liepe; [2] bei 51 cm am UP Drahthammer						
Finowkanal Langer Trödel von Liebenwalde (OHW) bis Einmündung HOW: km 0 bis 10,2		1,20 m T	Eisenbahnbrücke Liebenwalde	0,5	4,10 m [1]	1	6 km/h	entfällt
		Einbahnregelung zwischen Klappbrücke Liebenwalde und Hubbrücke Forststraße (Zerpenschleuse), Nachtfahrverbot; [1] bei 297 am OP Liebenwalde						
GK Griebnitzkanal	3,5 km	1,30 m A	Hubertusbrücke Berlin-Wannsee	0,73	5,08 m [1]	0	10 km/h	entfällt
		Einbahnregelung zwischen Stölpchensee und Teltowkanal beachten; [1] bei 247 cm am UP Kleinmachnow						
HnW Hohennauener Wasserstraße	10,4 km	S [1]	Hohennauener Eisenbahnbrücke	1,4	5,20 m [2]	0	8 km/h	25 km/h
		[1] meistens mindestens 1 m W; [2] bei 128 cm am UP Rathenow						
HOW Havel-Oder-Wasserstraße Strecke Spandau bis Hennigsdorf: km 0 bis 10,5	135,31 km 4 Schleusen	2 m A	Eiswerderbrücke	1,49	4,78 m [1]	1	10 km/h	12 km/h
		Nachtfahrverbot zwischen 22 und 5 Uhr auf Tegeler See und Nordteil Niederneuendorfer See, grundsätzlich Segelverbot, aber Segeln erlaubt von Südende Spandauer See (km 1) bis Nordende Nieder Neuendorfer See (10,58) einschließlich Tegeler See und Nordteil Niederneuendorfer See; [1] bei 345 cm am OP Spandau						
Strecke Hennigsdorf bis Lehnitz: km 10,5 bis 28,6		2 m A	Straßenbrücke Borgsdorf	22,9	4,68 m [1]	1	9 km/h [2]	entfällt
		Segelverbot; [1] bei 345 cm am OP Spandau, Durchfahrtshöhe Veltener Stichkanal Rohrbrücke Hohenschöpping: 4,56 m bei 250 cm am UP Lehnitz; [2] Tempolimit Oranienburger Havel 6 km/h						
Strecke Scheitelhaltung: km 28,6 bis 77,9		2 m A	Schiffshebewerk	77,43	4,33 m [1]	0	9 km/h	entfällt
		Segelverbot, Stilliegeverbot von km 41,5 bis 76,5 HOW; [1] bei 831 cm am OP Schiffshebewerk						
Strecke Schiffshebewerk bis Oder: km 77,9 bis 92,7		1,65 m A	Schiffshebewerk	77,92	4,46 m [1]	2	9 km/h	entfällt
		Segelverbot; [1] bei 51 cm am UP Schiffshebewerk						
HvK Havelkanal	34,3 km	2 m A	Straßenbrücke Schönwalde	6,49	4,78 m [1]	1	8 km/h	entfällt
		[1] bei 342 cm am OP Schönwalde						
Lö Löcknitz	10,8 km	1,25 m A	Straßenbrücke Fangschleuse	3,88	4,28 m [1]	0	10 km/h	25 km/h
		[1] bei 404 cm am UP Oberschleuse						
LWK Landwehrkanal	10,9 km	1,40 m A	Köthener Brücke	4,69	3,50 m [1]	2	6 km/h	entfällt
		Einbahnregelung in Ost-West-Richtung beachten! Schleppverbot; [1] bei 404 cm am UP Oberschleuse						
LyG Lychener Gewässer	8,1 km	1 m T [1]	Straßenbrücke Himmelpfort	0,2	3,72 m [2]	1	9 km/h	25 km/h
		[1] bei 50 cm am UP Himmelpfort; [2] bei 58 cm am UP Himmelpfort						

Näheres zu Abkürzungen, Wassertiefen, Brückenhöhen, Wasserstandsangaben und Geschwindigkeitsbegrenzungen ab Seite IV

Wasserstraße	Länge	Tiefe[A]	niedrigste Brücke[B] Ort	km	Höhe	Schleusen-anzahl	Tempolimits[C] auf Flüssen + Kanälen	auf Seen[D]
MEW **Müritz-Elde-Wasserstraße** Strecke Dömitz bis Eldedreieck: km 0 bis 56,2		1,20 m A	Fußgängerbrücke Grabow	29,89	4,22 m [1]	10	6 km/h	entfällt
	180,5 km 17 Schleusen	Segelverbot, Stillliegeverbot bei weniger als 40 m Wasserspiegelbreite; [1] bei Mittelwasser						
Eldedreieck bis Plau am See: km 56,2 bis 120		1,20 m A	Straßenbrücke Plau (B 191)	119,2	4,34 m [1]	7	6 km/h	entfällt
		Segelverbot, Stillliegeverbot bei weniger als 40 m Wasserspiegelbreite; [1] bei Mittelwasser						
Plau am See bis Buchholz: km 120 bis 180,5		1,40 m A [1]	Straßenbrücke (B 198) Vipperow	172,4	4,19 [2]	0	9 km/h [3]	25 km/h [4]
		Segelverbot auf den Verbindungskanälen zwischen den Oberseen, Befahrensverbot auf dem Bolter Kanal für Boote mit mehr als 10 m Länge und mehr als 0,80 m Tiefgang; [1] Bolter Kanal 0,60 m T bei 177 cm am OP Mirow; [2] bei Mittelwasser; [3] Tempolimit Bolter Kanal: 6 km/h; [4] Tempolimit Seen auf der Binnenmüritz und in weniger als 100 m Abstand zum Ufer: 12 km/h						
MHW **Müritz-Havel-Wasserstraße** Strecke Müritz bis Mirow: km 32,5 bis 22,2		1,40 m T [1]	Oberes Hubtor Schleuse Mirow	22,2	4,09 m [2]	1	9 km/h	25 km/h
	31,8 km 4 Schleusen	[1] km 24,8 bis 25 1,10 m T bei 177 cm am OP Mirow; [2] bei 197 cm am OP Mirow						
Strecke Mirow bis Diemitz: km 22,2 bis 13,2		1,40 m T [1]	Eisenbahnbrücke Mirow	22,3	4,31 m [2]	1	9 km/h	25 km/h
		[1] Vilzsee 1,30 m T bei 215 cm am OP Diemitz; [2] bei 228 cm am OP Diemitz, Abzweig Alte Fahrt, Straßenbrücke B 198 4,20 m bei 228 cm am OP Diemitz						
Strecke Diemitz bis Mitte Ellbogensee: km 13,2 bis 0		1,40 m T [1]	Strasen	2,9	4 m [2]	2	9 km/h	25 km/h
		[1] bei 165 cm am OP Canow, Schmaling, kl. Pälitzsee 1,30 m T bei 168 cm am OP Strasen; [2] bei 183 cm OP Strasen						
MSW **Mittlere Spree-Wasserstraße inklusive Speisek.** Neuhauser Speisekanal (Mündung SOW bis Wergensee)		1,30 m A	keine			1	8 km/h	entfällt
Strecke Wergensee bis Goyatz: km 11,5 bis 47,7	77,2 km 6 Schleusen	1,10 m T [1]	Beeskow	26,5	3,80 m [2]	1	8 km/h [3]	25 km/h [3]
		Nachtfahrverbot zwischen 22 und 5 Uhr; [1+2] bei Sommer-Mittelwasser; [3] Tempolimit in Uferrandzonen (hier eine 5 m breite Wasserfläche entlang des Ufers) 7 km/h, das gelockerte Tempolimit auf Seen gilt nur auf dem Schwielochsee; auf den Seen zwischen Wergensee und Glower See Tempolimit 10 km/h; Einmündung Ressener Fließ bis Kleiner Schwielochsee 6 km/h						
Glower See bis Märkisch Buchholz		1 m T [1]	alle Brücken bis Leibsch		3 m [2]	4	8 km/h [3]	entfällt
		Nachtfahrverbot zwischen 22 und 5 Uhr; [1] bei Sommer-Mittelwasser, Unterwasser Kossenblatt bis Schafsbrücke 0,50 m T, Neuendorfer See teilweise versandet; [2] Mindestdurchfahrtshöhe alle Brücken bis Leibsch, danach 1,8 m; [3] Tempolimit Schwielochsee bis Kossenblatt 10 km/h						
Mü **Müggelspree** (bis Dämeritzsee)	12 km	1,70 m A	Dammbrücke Köpenick	0,04	4,93 m [1]	1	8 km/h	25 km/h [2]
		Segelverbot zwischen km 7 und 11,39 Mü (außer Kleiner Müggelsee); [1] bei 94 cm am Pegel Erkner; [2] das gelockerte Tempolimit auf Seen gilt nur in der Fahrrinne auf dem Großen Müggelsee, außerhalb der Fahrrinne 12 km/h						
NK **Neuköllner Kanal**	4 km	1,75 m A	Kreuzberg	0,1	3,61 m [1]	1	8 km/h	entfällt
		[1] bei 428 cm am UP der Oberschleuse LWK						
NVK **Niegripper Verbindungskanal**	1,4 km	2,80 m A/S [1]	Schleuse	0,7	5,25 m [2]	1	12 km/h	entfällt
		[1] Wassertiefe außerhalb der Schleuse richtet sich nach Wasserstand der Elbe; [2] bei Normalstau						
Od **Oder** Eisenhüttenstadt bis Hohensaaten	114 km	S	Eisenbahnbrücke Kietz	615,1	6,25 m [1]	0	0	0
		Nachtfahrverbot; [1] bei 307 cm am Pegel Kietz						
OHW **Obere Havel-Wasserstraße** (inkl. Malzer Kanal) Neustrelitz bis Mole Woblitzsee: km 94,4 bis 86,7		1 m T [1]	Eisenbahnbrücke Voßwinkel	89,2	3,48 m [2]	1	9 km/h	25 km/h
		[1] bei 223 cm am OP Voßwinkel, Kammerkanal teilweise 0,80 m T; [2] bei 238 cm am OP Voßwinkel						
Woblitzsee bis Wesenberg: km 86,7 bis 81,6		1,30 m T [1]	Straßenbrücke Wesenberg	82,5	4,20 m [2]	1	9 km/h	25 km/h
		[1] Zufahrt zum Stadthafen Wesenberg Tauchtiefe 1 m; [2] bei 263 cm am OP Wesenberg,						
Strecke Quassower Havel	103,9 km 11 Schleusen	0,90 m T [1]	Eisenbahnbrücke Klein Quassow	0,9	3,51 m [2]	0	9 km/h	25 km/h
		[1] bei 270 cm am OP Wesenberg; [2] bei 263 cm am OP Wesenberg						
Strecke Wesenberg bis Steinhavel: km 81,6 bis 64,6		1,40 m T	Wegebrücke Ahrensberg	78,5	4,21 m [1]	1	9 km/h	25 km/h
		[1] bei 215 cm am OP Steinhavel						
Steinhavel bis Ziegeleipark: km 64,6 bis 22		1,40 m T [1]	Straßenbrücke Fürstenberg	60,8	4,19 m [2]	5	9 km/h	25 km/h
		[1] km 47,85 bis 60,7 1,30 m T; bei 494 cm am OP Bredereiche; [2] bei 184 cm am OP Fürstenberg						
Ziegeleipark bis Havel-Oder-Dreieck: km 22 bis 0,0 zuzüglich Malzer Kanal		1,60 m T	Thürenbrücke Liebenwalde	0,86	4,15 m [1]	3	9 km/h	entfällt
		[1] bei 298 cm am OP Liebenwalde						
PHv **Potsdamer Havel**	28,8 km	S [1]	Eisenbahnbrücke Werder	10,2	5,11 m [2]	0	12 km/h	25 km/h
		Nachtfahrverbot von 22 bis 5 Uhr auf Petzinsee und Glindowsee; [1] Durchfahrt Wentorfgraben teilweise unter 0,5 m; [2] 94 cm am Pegel Potsdam, Durchfahrtshöhe Eisenbahnbrücke Petzinsee 4,03 m bei 94 cm am Pegel Potsdam, Lange Brücke Alte Fahrt 4,12 m bei 94 cm am Pegel Potsdam, Fußgängerbrücke Alte Fahrt 3,64 m bei 94 cm am Pegel Potsdam						
PVK **Pareyer Verbindungskanal**	3,5 km	1,85 m A	Neuderbener Brücke	2,64	4,41 m [1]	1	6 km/h	entfällt
		[1] bei 302 cm am UP Parey						
RhG **Rheinsberger Gewässer** Kleiner Pälitzsee bis Wolfsbruch: km 0 bis 2,9		1,30 m T	Schleusenbrücke Wolfsbruch	2,4	4,40 m [1]	1	9 km/h	25 km/h
	13,2 km 1 Schleuse	[1] bei 231 cm am OP Wolfsbruch						
Wolfsbruch bis Rheinsberg: km 2,9 bis 13,2		1 m T [1]	Schlabornbrücke	8,5	3,95 m [2]	0	9 km/h [3]	25 km/h
		[1] Wolfsbruch bis Marina 1,20 m T bei 167 am UP Wolfsbruch, Dollgowkanal 1,10 m T; [2] bei 181 cm am UP Wolfsbruch; [3] Tempolimit im Dollgowkanal 6 km/h						
RHv **Rathenower Havel/Stadtkanal**	3,9 km	1,40 m A	Rathenow	105,13	3,98 m [1]	1	8 km/h	entfällt
		[1] bei 128 cm am UP Rathenow						
RpG **Ruppiner Gewässer** Strecke: Oranienburger Kanal		1,3 m A	Germendorfer Brücke	26,6	3,99 m [1]	1	6 km/h	entfällt
	77,9 km 5 Schleusen	[1] bei 407 cm am OP Pinnow						
Strecke: Ruppiner Kanal bis Lindow		1 m T [1]	Kuhbrücke	2,82	3,30 m [2]	4	8 km/h	12 km/h [3]
		Nachtfahrverbot von 22 bis 5 Uhr; [1] im Sommer teilweise weniger; [2] bei Mittelwasser; [3] Tempolimit in Uferrandzonen (hier eine 5 m breite Wasserfläche entlang des Ufers) 7 km/h; auf dem Ruppiner See auch 25 km/h (außer in der Nähe der Bahndammbrücken)						

WASSERSTRASSEN IM ÜBERBLICK

Wasserstraße		Länge	Tiefe^A	niedrigste Brücke^B			Schleusen-anzahl	Tempolimits^C	
				Ort	km	Höhe		auf Flüssen + Kanälen	auf Seen^D
RüG	Rüdersdorfer Gewässer	14,7 km	1,65 m A	Straßenbrücke Stolp	6,84	4,27 m [1]	1	10 km/h	25 km/h [2]
			Nachtfahrverbot von 22 bis 5 Uhr auf dem Kalksee (km 5 bis 6,5) und auf dem Stienitzsee; [1] bei 306 cm am OP Woltersdorf, Straßenbrücke Langerhanskanal 4,44 m bei 306 cm am OP Woltersdorf; [2] Stienitzsee bei weniger als 250 m Wasserspiegelbreite 15 km/h							
RVK	Rothenseer Verbindungskanal	5,28 km	2,1 m A	Glindenberger Brücke	1,66	6,00 m [1]	2	9 km/h	entfällt
			Niedrigwasserschleuse nur bei niedrigem Wasserstand auf der Elbe in Betrieb; [1] bei höchstem Schifffahrtswasserstand (745 cm am Pegel Rothensee-Elbe)							
SpK	Spreekanal	2 km	1,60 A	Grünstraßenbrücke	1,5	3,25 m [1]	0	5 km/h	entfällt
			[1] bei 431 cm am OP Mühlendamm							
SOW	Spree-Oder-Wasserstraße Strecke Spandau bis Schleuse Charlottenburg: km 0 bis 6,1	130,2 km 6 Schleusen	2 m A	Rohrdammbrücke	4,44	6,28 m [1]	1	10 km/h	entfällt
			Segelverbot von Spandau bis Insel der Jugend (km 0 bis 23,5), Stillliegeverbot von Spandau bis Stralauer Spitze (km 0 bis 25,65) außer an Liegestellen; [1] bei 148 cm am UP Charlottenburg							
	Strecke Charlottenburg bis Britzer Verbindungskanal (VK): km 6,1 bis 26,5		1,70 m A	Jannowitzbrücke	18,3	4,10 m [1]	1	10 km/h	entfällt
			Segelverbot von Spandau bis Insel der Jugend (km 0 bis 23,5), Stillliegeverbot von Spandau bis Stralauer Spitze (km 0 bis 25,65) außer an Liegestellen, km 25,65 Ende Stillliegen nur maximal 24 Stunden, Fahrverbot zwischen Kanzleramtssteg und Oberbaumbrücke (km 14,1 bis 20,7) für Boote mit weniger als 11,04 kW (15 PS). Ausnahme: Boote mit mehr als 3,69 kW (5 PS), die von einem Schiffsführer mit Sportbootsführerschein (oder anderer gültiger Fahrerlaubnis) geführt werden, dürfen dort fahren; Fahrverbot von 1.4. bis 31.10. von Lessingbrücke bis Schleuse Mühlendamm (km 12,01 bis 17,8) zwischen 10.30 und 19 Uhr für Sportboote ohne angemeldetes, zugelassenes und betriebsbereites UKW-Funkgerät (Einfahrt in den Bereich bis 10 Uhr); [1] bei 434 cm am OP Oberschleuse LWK							
	Strecke Britzer VK bis Teltowkanal: km 26,5 bis 35,2		2 m A	Lange Brücke	32,24	4,33 m [1]	0	10 km/h [2]	entfällt
			[1] bei 434 cm am OP Oberschleuse LWK; [2] Tempolimit von Köpenick bis Ende Regattastrecke (km 33,24 bis 39,3) 12 km/h							
	Strecke Teltowkanal bis Oder: km 35,2 bis 130,2		2 m A [1]	Eisenbahnbrücke Müllrose	105,45	4,12 m [2]	4	10 km/h	25 km/h [3]
			Nachtfahrverbot von 22 bis 5 Uhr auf der Großen Krampe; [1] Große Krampe 1,50 m A, Kleiner Müllroser See 1,60 m A; [2] bei 21 cm am OP Eisenhüttenstadt; [3] Tempolimit von Köpenick bis Ende Regattastrecke (km 33,24 bis 39,3) 12 km/h							
StG	Storkower Gewässer	33,9 km	1,40 m A	Philadelphia	12,79	3,80 m [1]	3	10 km/h	25 km/h
			[1] bei 257 cm am UP Storkow							
StW	Stör-Wasserstraße Strecke Störkanal: km 0 bis 19,9	44,7 km	1,20 m A	Hohe Brücke Lewitz	0,8	4,18 m [1]	1	6 km/h	entfällt
			Segelverbot, Stillliegeverbot bei weniger als 40 m Wasserspiegelbreite; [1] bei Mittelwasser							
	Strecke Schweriner Seen: km 19,9 bis 44,7		1,40 m A	Werderbrücke Schwerin	27,5	4,09 m [1]	0	9 km/h	25 km/h [2]
			[1] bei Mittelwasser; Tempolimit auf Seen; [2] in weniger als 100 m Abstand zum Ufer 9 km/h							
TeK	Teltowkanal (inkl. Griebnitzsee) Strecke Griebnitzsee bis Britzer Kreuz: km 0 bis 28,1	37,9 km 1 Schleuse	1,75 m A	Stubenrauchbrücke Berlin-Mariendorf	23,23	4,50 m [1]	1	10 km/h	12 km/h
			[1] bei 88 cm am Pegel Köpenick							
	Strecke Britzer Kreuz bis SOW: km 28,1 bis 37,9		1,75 m A	Stelling-Janitzky-Brücke	36,51	4,63 m [1]	0	6 km/h	entfällt
			[1] bei 88 cm am Pegel Köpenick							
TlG	Templiner Gewässer	22 km	1,20 m T	Fährkrug	17,7	3,71 m [1]	2	6 km/h	25 km/h
			[1] bei 473 cm am OP Templin							
TpG	Teupitzer Gewässer	18 km	1,40 m A [1]	Eisenbahnbrücke Groß Köris	12,24	3,86 m [2]	1	10 km/h	25 km/h
			[1] km 0 bis 6,6 TpG 1,60 m A; [2] bei 156 cm am UP Kummersdorf							
UHW	Untere Havel-Wasserstraße Mündungsstrecke Elbe bis Havelberg: km 166,5 bis 146	166,5 km 7 Schleusen	S	Schleusenbrücke Quitzöbel	156,14	4,60 m [1]	2	12 km/h	25 km/h
			Nachtfahrverbot von 22 bis 5 Uhr auf Gnevsdorfer Vorfluter; [1] bei 376 cm am OP Quitzöbel							
	Strecke Havelberg bis Plaue: km 148,5 bis 68		S	Eisenbahnbrücke Rathenow	101,69	5,17 m [1]	5	12 km/h	25 km/h
			[1] bei 260 cm am OP Rathenow							
	Strecke Plaue bis Jungfernsee: km 68 bis 17		S	Schleusenbrücke Brandenburg (Südkammer)	55,41	5,43 m [1]	0	12 km/h [2]	25 km/h
			Nachtfahrverbot von 22 bis 5 Uhr auf Lehnitzsee und Kramnitzsee; [1] bei 214 cm am OP Brandenburg; [2] Tempolimit auf Ketziner Havel 9 km/h							
	Strecke Jungfernsee bis Spandau: km 17 bis 0		S [1]	Schulenburgbrücke	1,49	5,55 m [2]	0	12 km/h	25 km/h [3]
			Segelverbot von Spandau bis Pichelsdorfer Gmünd (km 0 bis 4), Nachtfahrverbot von 22 bis 5 Uhr auf Scharfer Lanke und Sacrower Lanke, Stillliegen für maximal drei Tage erlaubt, unbemannt maximal 24 Stunden, außer an genehmigten Liegestellen; [1] Großer Wannsee: 2 m A; [2] bei 149 cm am UP Spandau; [3] gelockertes Tempolimit auf Seen gilt nicht im Bereich Pfaueninsel (km 13 bis 15,5)							
WAO	Wriezener Alte Oder	2,5 km	1 m A	keine			0	6 km/h	entfällt
			[1] bei 203 cm am BP Hohensaaten							
WbG	Werbelliner Gewässer Strecke nördlich HOW: km 3,5 bis 19,8	19,8 km 2 Schleusen	1,10 m T [1]	Bierwegbrücke Marienwerder	3,6	3,94 m [2]	2	6 km/h	25 km/h
			Segelverbot vom Finowkanal bis Einfahrt Werbellinsee (km 0 bis 10,4), Nachtfahrverbot von 22 bis 5 Uhr auf dem Werbellinsee (km 10,3 bis 19,8), Stillliegeverbot im ufernahen Bereich des Werbellinsees: Mindestabstand von zehn Metern zur Schilfkante einhalten; [1] bei 829 cm am OP Schiffshebewerk Niederfinow sonst entsprechend niedriger; [2] bei 831 cm am OP Niederfinow							
	Strecke Werbellinkanal: km 0 bis 3,5		1,15 m T [1]	Straßenbrücke Marienwerder	2,34	3,8 m [2]	0	6 km/h	entfällt
			Segelverbot vom Finowkanal bis Einfahrt Werbellinsee (km 0 bis 10,4); [1] bei 829 cm am OP Schiffshebewerk Niederfinow; [2] bei Mittelwasser							
WHK	Westhafenkanal	3 km	2,50 m A	Mörschbrücke	0,18	5,71 m [1]	0	10 km/h	entfällt
			[1] bei 275 cm am OP Charlottenburg							
WtG	Wentow-Gewässer	11 km	1 m T [1]	Dannenwalde	9,56	3,62 m [2]	1	9 km/h [3]	25 km/h
			[1] bei 275 cm am OP Marienthal; [2] bei 275 cm am OP Marienthal; [3] Tempolimit Kanal (km 0 bis 2) 6 km/h							
WSk	Wernsdorfer Seenkette	6,27 km	1,50 m A	Straßenbrücke Wernsdorf	5,8	4,27 m [1]	0	10 km/h	12 km/h
			[1] bei 209 cm am UP Wernsdorf							
ZeG	Zechliner Gewässer	8,49 km	1 m T [1]	Landwehrbrücke	4,6	3,69 m [2]	0	6 km/h	25 km/h
			[1] bei 167 cm am UP Wolfsbruch; [2] bei 181 cm am UP Wolfsbruch							

Näheres zu Abkürzungen, Wassertiefen, Brückenhöhen, Wasserstandsangaben und Geschwindigkeitsbegrenzungen ab Seite IV

Wasserstraßen- und Schifffahrtsverwaltungen

Amt	Telefon	E-Mail	Internet	Straße/PLZ/Ort
Wasserstraßen- und Schifffahrtsamt Elbe, Dienstort Magdeburg	(03 91) 53 00	wsa-madgeburg@wsv.bund.de	wsa-elbe.wsv.de	Fürstenwallstraße 19/20 39104 Magdeburg
Wasserstraßen- und Schifffahrtsamt Elbe, Dienstort Lauenburg	(0 41 53) 55 80	wsa-lauenburg@wsv.bund.de	wsa-elbe.wsv.de	Dornhorster Weg 52 21481 Lauenburg/Elbe
Wasserstraßen- und Schifffahrtsamt Spree-Havel, Dienstort Brandenburg	(0 33 81) 26 60	wsa-spree-havel@wsv.bund.de	wsa-spree-havel.wsv.de	Brielower Landstraße 1 14772 Brandenburg/Havel
Wasserstraßen- und Schifffahrtsamt Spree-Havel, Dienstort Berlin	(0 30) 69 53 20	wsa-spree-havel@wsv.bund.de	wsa-spree-havel.wsv.de	Mehringdamm 129 10965 Berlin
Wasserstraßen- und Schifffahrtsamt Oder-Havel	(0 33 34) 27 60	wsa-oder-havel@wsv.bund.de	wsa-oder-havel.wsv.de	Schneidemühlenweg 21 16225 Eberswalde
Landesamt für Bauen und Verkehr (Brb)	(0 33 42) 4 26 60	poststelle@lbv.brandenburg.de	lbv.brandenburg.de	Lindenallee 51 15366 Hoppegarten
Ministerium für Landwirtschaft, Umwelt & Klimaschutz des Landes Brandenburg	(03 31) 86 60	poststelle@mluk.brandenburg.de	mluk.brandenburg.de	Henning-von-Treschkow-Straße 2-13, 14467 Potsdam
Generaldirektion Wasserstraßen u. Schifffahrt Standort Magdeburg	(03 91) 2 88 70	magdeburg.gdws@wsv.bund.do	gdws.wsv.bund.de	Gerhart-Hauptmann-Straße 16 39108 Magdeburg

Wasserschutzpolizei

	Station	Telefon / E-Mail	Straße	PLZ/Ort
Mecklenburg-Vorpommern	Inspektion Schwerin/ 24-Stunden	(03 85) 55 57 60 wspi.schwerin@polmv.de	Am Werder 22	19055 Schwerin
	Station Dömitz	(03 87 58) 2 21 64	Hafenplatz 1	19303 Dömitz
	Station Plau	(03 87 35) 13 87 90	Kalkofen 6	19395 Plau
	Inspektion Waren/ 24-Stunden	(0 39 91) 7 47 30 wspi.waren@polmv.de	Gerhard-Hauptmann-Allee 6	17192 Waren
	Station Mirow	(03 98 33) 2 69 20	Am Mühlendamm 15	17252 Mirow
Brandenburg	WSP Bereich Nord (Lehnitz)	(0 33 01) 8 51 26 54 / wsp.pdnord@polizei.brandenburg.de	Germendorfer Allee 17	16515 Oranienburg
	WSP Bereich Ost (Hohensaaten)/24-Stunden	(03 33 68) 53 90	Eichrähne 3a	16259 Bad Freienwalde OT Hohensaaten
	WSP Bereich Süd (Königs Wusterhausen)	(03 55) 49 37 26 04	Hafenstraße 18	15711 Königs Wusterhausen
	WSP Bereich West (Potsdam)	(03 31) 9 68 84 24	An der Pirschheide 11	14471 Potsdam
Berlin	Bereich West (Spandau)	(0 30) 46 64 75 11 60	Mertensstraße 140	13587 Berlin-Spandau
	Bereich Mitte (Moabit)	(0 30) 46 64 75 12 60	Neues Ufer 1	10553 Berlin-Moabit
	Bereich Ost (Treptow)	(0 30) 46 64 75 13 60	Baumschulenstraße 1	12437 Berlin-Treptow
Sachsen-Anhalt	Revier Magdeburg/ 24-Stunden	(03 91) 5 46 26 91 / levd.wsprev@polizei.sachsen-anhalt.de	Markgrafenstraße 12	39114 Magdeburg
	Station Zerben	(0 39 44) 5 70 90 / wspst-zerben@polizei.sachsen-anhalt.de	Schleuse 4	39317 Elbe-Parey OT Zerben
	Station Havelberg	(0 39 87) 7 22 00 / wspst-hv@polizei.sachsen-anhalt.de	Bahnhofstraße 40	39539 Havelberg
Niedersachsen (Elbe)	Scharnebeck	(0 41 36) 9 00 08 15 / poststelle@wspst-scharnebeck.polizei.niedersachsen.de	Hüsenberg 12 a	21379 Scharnebeck

Bitte beachten Sie, dass nicht alle Dienststellen rund um die Uhr telefonisch erreichbar sind. In Notfällen können Sie auch den Polizeinotruf 110 anrufen (vom Mobiltelefon ohne weitere Vorwahl möglich.)

Pegelansager

WSA	Pegelstandort	Telefonnummer	Wasserstraße
Spree-Havel Bereich Berlin	Charlottenburg	(0 30) 34 35 71 24	SOW
	Mühlendamm	(0 30) 23 45 97 70	SOW
	Köpenick	(0 30) 65 48 15 69	SOW
	Wernsdorf	(0 33 62) 88 19 68	SOW
	Fürstenwalde	(0 33 61) 77 32 79	SOW
	Kersdorf	(03 36 07) 1 94 28	SOW
	Eisenhüttenstadt	(0 33 64) 77 38 52	SOW
	Woltersdorf	(0 33 62) 59 03 59	RüG
	Neue Mühle	(0 33 75) 1 94 28	DaW
	Plötzensee	(0 30) 34 35 06 24	BSK
	Spandau	(0 30) 3 33 92 83	HOW
	Kummersdorf	(03 36 78) 4 46 59	StG
	Storkow	(03 36 78) 40 49 13	StG
	Wendisch-Rietz	(03 36 79) 53 06	StG
	Unterschleuse	(0 30) 3 15 29 85	LWK
	Oberschleuse	(0 30) 61 62 96 20	LWK
	Kleinmachnow	(03 32 03) 1 94 28	TeK
Spree-Havel Bereich Brandenburg	Ketzin	(03 32 33) 48 97 89	UHW
	Brandenburg	(0 33 81) 6 04 93 91	UHW
	Bahnitz	(03 38 77) 78 99 94	UHW
	Rathenow	(0 33 85) 6 23 48 09	UHW
	Albertsheim	(0 33 85) 6 23 49 99	UHW
	Grütz	(03 38 72) 79 99 50	UHW
	Garz	(03 93 82) 18 99 87	UHW
	Havelberg/Stadt	(03 93 87) 12 94 14	UHW
	Havelberg/Elbe	(03 93 87) 12 98 94	Elbe
	Gnevsdorf	(03 87 91) 77 98 18	GnV
	Zerben	(03 93 44) 68 99 76	EHK
	Parey/BP	siehe Zerben UP	PVK
	Parey/Elbe	siehe Elbpegel (Niegripp AP)	PVK

Pegelansager

WSA	Pegelstandort	Telefonnummer	Wasserstraße
Elbe Bereich Magdeburg	Niegripp AP	(03 92 22) 1 94 29	Elbe
	Lenzen	(03 87 92) 1 94 29	Elbe
	Magdeburg-Strombrücke	(03 91) 1 94 29	Elbe
	Rothensee-Elbe	(03 91) 53 51 94 29	Elbe
	Tangermünde	(03 93 22) 1 94 29	Elbe
	Wittenberge	(0 38 77) 1 94 29	Elbe
Elbe Bereich Lauenburg	Dömitz	(03 87 58) 1 94 29	Elbe
	Neu Darchau	(0 58 53) 1 94 29	Elbe
	Boizenburg	(03 88 47) 1 94 29	Elbe
	Hohnstorf	(0 41 39) 1 94 29	Elbe
Oder-Havel Bereich Eberswalde	Eisenhüttenstadt (Oder)	(0 33 64) 75 13 42	Oder
	Mirow	(03 98 33) 2 01 60	MHW
	Wolfsbruch	(03 39 21) 7 03 77	RhG
	Himmelpfort	(03 30 89) 43 00 41	LyG
	Wesenberg	(03 98 32) 26 98 63	OHW
	Fürstenberg	(03 30 93) 61 32 93	OHW
	Bredereiche	(03 30 87) 5 39 54	OHW
	Zehdenick	(0 33 07) 4 20 01 33	OHW
	Liebenwalde	(03 3054) 90 50 39	MzK (OHW)
	Lehnitz	(0 33 01) 20 47 37	HOW
	SHW Niederfinow	(03 33 62) 61 89 79	HOW
	Hohensaaten Schleusen	(03 33 68) 54 62 41	VKH
	Hohensaaten Finow	(03 33 68) 4 46	Oder
	Liepe	(01 62) 1 30 28 18	FiK
	Frankfurt 1 / Oder	(03 35) 6 06 68 46	Oder
	Kietz	(03 34 79) 44 06	Oder
	Kienitz	(03 34 78) 49 20	Oder

Abkürzungs-Erklärungen finden Sie auf Seite XIV.

Wenn Sie alle in diesem Törnatlas dargestellten Wasserwege – immerhin sind das knapp 1800 Kilometer – befahren wollen, benötigen Sie den amtlichen Sportbootführerschein Binnen. Er gilt für Motorboote, die mit einem Motor mit mehr als 11,03 kW (15 PS) ausgestattet sind und unter 20 Meter lang sind. Bitte beachten Sie die Sonderregelungen für die Berliner Innenstadt (Kartenseite 66).

Vor dem 31. Dezember 1997 ausgestellte Binnenführerscheine gelten auch für längere Boote, die jedoch nicht mehr als 15 Kubikmeter Wasser verdrängen dürfen. Glück haben Skipper, die ihren Bootsführerschein vor dem 1. April 1978 gemacht haben. Da damals nur auf Seegewässern ein Bootsführerschein erforderlich war, gelten diese Scheine meistens auch für Binnenwasserstraßen. Auskunft, ob das auch in Ihrem besonderen Fall so ist, geben der Deutsche Segler-Verband und der Deutsche Motoryachtverband. Sie informieren auch über die Umschreibung von DDR-Führerscheinen (Adressen siehe unten).

Auf jeden Fall gilt weiterhin die sogenannte Charterscheinregelung für Mieter von Hausbooten: Sie dürfen mit einigen Beschränkungen auch ohne Bootsführerschein fahren:

✔ Das Revier ist begrenzt und für das Befahren großer Seen und bestimmter Abschnitte gelten Sonderregelungen (siehe Karte und Zeichenerklärung sowie Gewässerliste).

✔ Das Boot muss bestimmte Voraussetzungen erfüllen (hierzu zählen zum Beispiel fest eingebaute Schlafplätze, Haftpflichtversicherung durch die Charterfirma, Höchstgeschwindigkeit 12 Stundenkilometer und eine bestimmte Ausrüstung).

✔ Der Charterer muss eine dreistündige theoretische und praktische Einweisung in Revier und Boot bekommen haben, die ihm von der Charterfirma bestätigt wird (Charterbescheinigung).

Das Revier ist groß, aber begrenzt (auf der Karte beige markiert):

Stör-Wasserstraße (StW): vom Eldedreieck bis Hohen Viecheln (km 0 bis 44,7 StW, Ende Schweriner See)

Müritz-Elde-Wasserstraße (MEW): von der Schleuse Dömitz bis Buchholz (km 0,9 bis 180 MEW) aber ohne Jabelschen See

Müritz-Havel-Wasserstraße (MHW): von der Müritz bis zum Ellbogensee (km 0 MHW km 31,2 MHW) einschließlich Mirower See (Alte Fahrt), Rheinsberger Gewässer sowie Zechliner Gewässer

Obere Havel-Wasserstraße (OHW): von der Schleuse Liebenwalde (km 43,9 Malzer Kanal) bis Hafen Neustrelitz (km 94,4 OHW, Zierker See) einschließlich Wentow-Gewässer, Templiner Gewässer, Lychener Gewässer sowie Quassower Havel und Großer Labussee

Ruppiner Gewässer (RpG)*: von der Schleuse Altfriesack bis einschließlich Vielitzsee (km 29,1 RpG bis 70,2 RpG)

Finowkanal (FiK): Langer Trödel* von Liebenwalde (OHW bis Einmündung HOW (km 0 bis 10,2, sowie vom Abzweig HOW bis Schleuse Liepe (km 57,36 bis 89,5). Überquerung der HOW nur wenn auf der HOW kein anderes Fahrzeug in Sicht ist.

Werbelliner Gewässer (WbG)*: vom Finowkanal bis Joachimsthal (Ende Werbellinsee, km 0 bis 19,8 WbG). Überquerung der HOW nur wenn auf der HOW kein anderes Fahrzeug in Sicht ist.

Oranienburger Kanal (OrK): von der Mündung in die OHW bis zum Ruppiner Kanal (km 21 bis 28,8 OrK)

Oranienburger Havel (OHv): von der Mündung in die OHW bis Ende (km 0,1 bis 3,9 OHv)

Zeichenerklärung

➤➤ Fahrverbot ab Windstärke 4 Beaufort

🦺 Alle Personen an Bord müssen Rettungswesten tragen

✗ Besondere Kreuzungsregelung beachten: Überqueren der Fahrrinne nur, wenn kein anderes Schiff oder Boot in Sicht ist (Werbellinkanal und Finowkanal über HOW), beziehungsweise Überqueren nur nach Rücksprache mit der Vorstadtschleuse Brandenburg (BRW über UHW zur Niederhavel)

🔺 Durchfahrt nur in der bezeichneten Fahrrinne

☎ Seeüberquerung: Vor der Einfahrt: Telefonisch beim Vercharterer Befahrbarkeit in Hinblick auf Wind und Wetter erfragen und nach der Überfahrt (oder bei Fahrtunterbrechung) wieder melden, dass man sicher angekommen ist.

📊 Fahrverbot ab einem bestimmten Wasserstand

📖 Fahrverbot bei fehlendem Karten- und Informationsmaterial

*Auf den landeseigenen Gewässern des Bundeslandes Brandenburg (also auf den Gewässern, die nicht Bundeswasserstraße sind) gilt eine ähnliche Regelung. Die Charterbescheinigung (sowohl die brandenburgische als auch die für Bundeswasserstraßen ausgestellte) gilt auch auf diesen Gewässern.

Untere Havel-Wasserstraße (UHW): von Brandenburg bis Quitzöbel (km 56 bis 156 UHW) einschließlich Hohennauener Wasserstraße, Rathenower Havel, Beetzsee-Riewendsee-Wasserstraße und Niederhavel, aber exklusive Silokanal.

Sonderregelungen:

1. Überqueren der UHW vom Beetzsee aus nur nach telefonischer Rücksprache mit der Vorstadtschleuse Brandenburg.
2. Plaue bis Einmündung Hohennauener Wasserstraße (km 67,5 bis 112 UHW): Fahrt nur bis zu einem Wasserstand von 190 cm am UP Rathenow.
3. Fahrverbot bei fehlendem Karten- und Informationsmaterial über Gefahrenstellen wie Fahrwasserkrümmungen Unterwasserhindernisse und ähnliches.
4. Einmündung Hohennauener Wasserstraße bis Quitzöbel (km 112 UHW bis 156 UHW): Fahrt nur bis zu einem Wasserstand von 130 cm am UP Rathenow.

Potsdamer Havel (PHv): von der Einmündung in die Untere Havel-Wasserstraße bis Babelsberger Enge (km 0 bis 28 PHv) einschließlich Glindowsee

Rüdersdorfer Gewässer (RüG): von Erkner bis zur Schleuse Woltersdorf (km 0 bis 3,8 RüG), einschließlich der Löcknitz von km 0 bis 10,6

Gosener Kanal und Seddinsee: von Erkner (Dämeritzsee) bis Schmöckwitz (Südende Seddinsee)

Spree-Oder-Wasserstraße (SOW): von der Einfahrt in den Oder-Spree-Kanal (km 45,1) bis zur Oder (km 130,2)

Neuhauser Speisekanal: von der Mündung in die Spree-Oder-Wasserstraße bis zum Wergensee, einschließlich Drahendorfer Spree, Anschluss an die Spree: siehe unten

Mittlere Spree-Wasserstraße (MSW)*: Krumme Spree von Kossenblatt bis zum Glower See (nur für Boote bis 13 Meter Länge, Achtung geringe Wassertiefe) und von der Schleuse Neuhaus bis einschließlich Großer und Kleiner Schwielochsee

Dahme-Wasserstraße (DaW): von Zernsdorf (km 10,3 DaW, oberhalb der Schleuse Neue Mühle) bis Prieros (km 26,4 DaW, Abzweig Teupitzer Gewässer) einschließlich Teupitzer Gewässer und Storkower Gewässer

Führerscheinstellen der Wassersportverbände

Verband	Telefon	E-Mail	Internet	Straße	PLZ/Ort
Deutscher Motoryachtverband e. V.	(02 03) 8 09 58 24	fuehrerscheine@dmyv.de	www.dmyv.de	Vinckeufer 12-14	47119 Duisburg
Deutscher Seglerverband e. V.	(0 40) 6 32 00 90	info@dsv.org	www.dsv.org	Gründgensstraße 18	22309 Hamburg

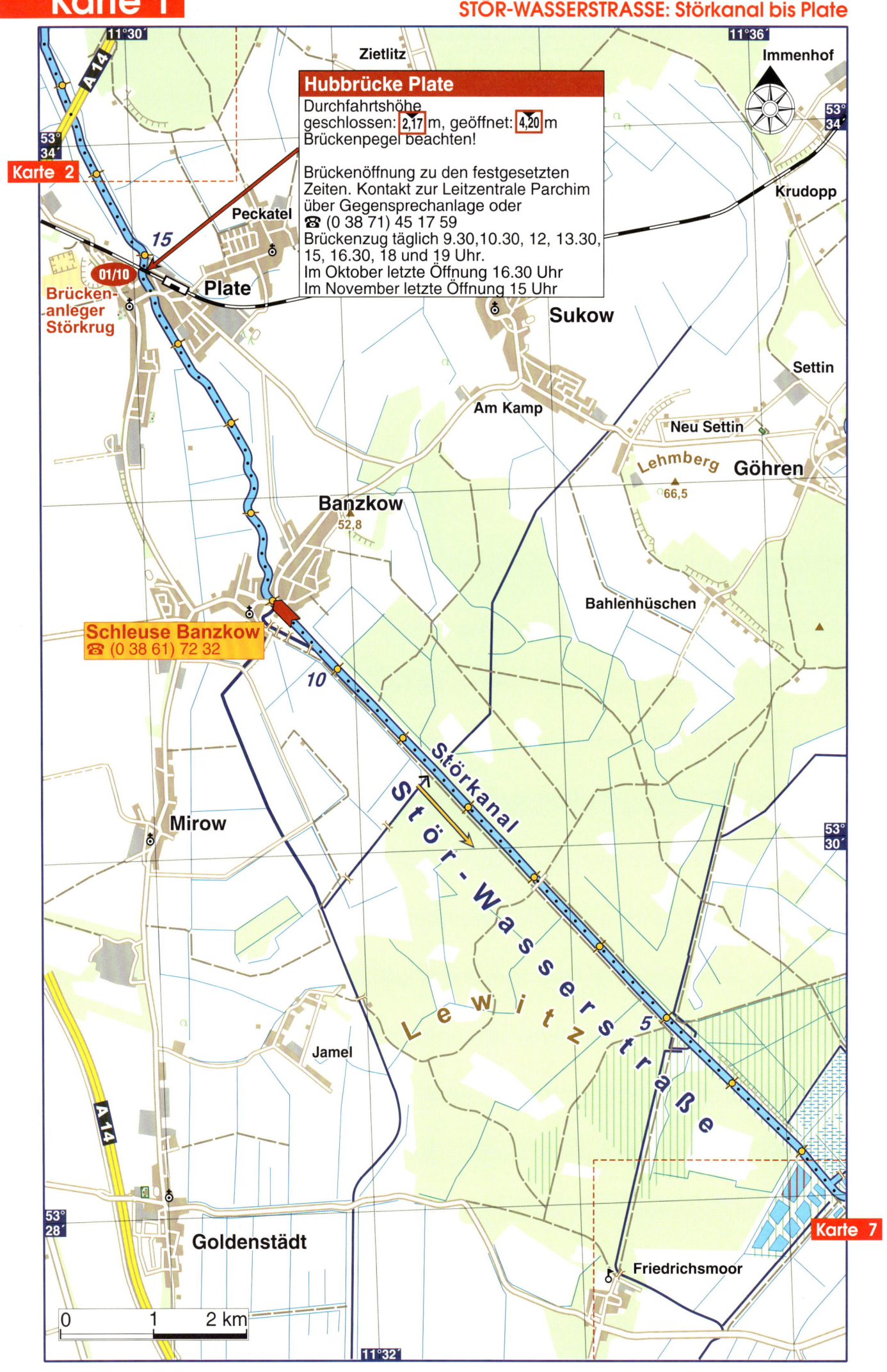

Zietlitz

Immenhof

Hubbrücke Plate
Durchfahrtshöhe
geschlossen: 2,17 m, geöffnet: 4,20 m
Brückenpegel beachten!

Brückenöffnung zu den festgesetzten
Zeiten. Kontakt zur Leitzentrale Parchim
über Gegensprechanlage oder
☎ (0 38 71) 45 17 59
Brückenzug täglich 9.30,10.30, 12, 13.30,
15, 16.30, 18 und 19 Uhr.
Im Oktober letzte Öffnung 16.30 Uhr
Im November letzte Öffnung 15 Uhr

Krudopp

Peckatel

15

Karte 2

01/10

Brücken-
anleger
Störkrug

Plate

Sukow

Settin

Am Kamp

Neu Settin

Lehmberg
66,5

Göhren

Banzkow
52,8

Bahlenhüschen

Schleuse Banzkow
☎ (0 38 61) 72 32

10

Mirow

Störkanal

Stör-Wasserstraße

53°
30′

Lewitz

Jamel

A 14

53°
28′

Goldenstädt

5

Karte 7

Friedrichsmoor

0   1   2 km

Wickendorf

Rampe

Panstorf

Zittow

Carlshöhe

Frankenhorst

2,65 0,70 6

4,29

Paulsdamm

Leezen

Medewege

Inseln südlich umfahren
(Unterwaserhindernisse)!

Ziegelaußensee

Stör-Wasserstraße

Marina Nord

02/20

4,09

Ziegel-
innensee Heiden-
see

Schweriner

See

Görslow

Görslow
Ausbau

Stangengraben

SV Mecklenburgisches
Staatstheater

Pfaffenteich

02/30

Krummer Berg

(Innensee)

Großer
Stein

Schweriner Segler-
Verein
1894

02/40

Rüter
Horn

Großer
Stein

Rakow

Kaninchen-
werder

Ziegel-
werder

Weißer Berg

Schloss

Burgsee

Bullhorn

Reppin

Steine

SCHWERIN

Ostorf

Fauler
See

Zoo

Zippen-
dorf

Mueß

Raben-
Steinfeld

Ostorfer See

Großer Dreesch

Freilichtmuseum

Schwerin-
Süd

Krebsfördern

Neu Zippendorf

Ankern in den Buchten
von Kranichwerder und
Ziegelwerder vom 15. April
bis 15. Oktober erlaubt

Störkanal

Consrade

0   1   2 km

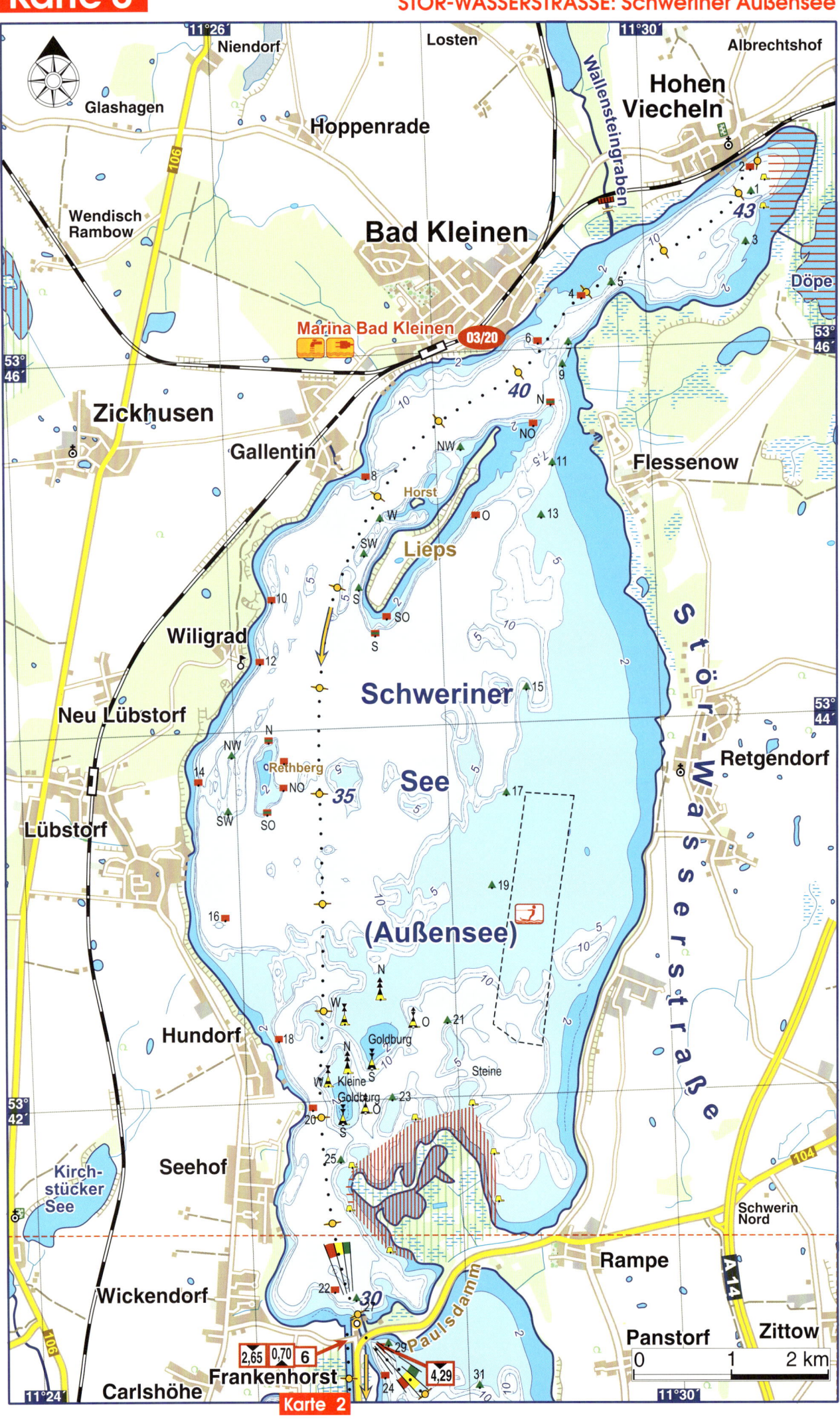

Karte 5

Stuck

Bootsanleger & Campingplatz Neu Göhren

04/50

Neu Göhren

Liepe

Grittel

Alte Elde

2 km

1

0

Campingplatz am Wiesengrund

04/40

Schleuse Malliß (Selbstbedienung)

Kamerun

Ziegelei-kanal

10

Malliß

Wasserwanderrastplatz Find's hier

04/30

Heiddorf

Neu Kaliß

Alt Kaliß

Groß Schmölen

Schlesiner Hof

Bockup

Raddenfort

Schleuse Findenwirunshier
☎ (03 87 1) 45 17 59
Selbstbedienung für Boote bis 1,20 m Höhe, höhere Boote Fern-bedienung per Telefon anfordern.

Schleuse Neu Kaliß (Selbstbedienung)

5

Karte 50

Müritz-Elde-Wasserstraße

Schleuse Dömitz
☎ (03 87 58) 2 27 25

Motor-Yachtclub Dömitz

04/25

04/10 Marina Dömitzer Hafen

04/20

Dömitz

Wasserwander-zentrum Dömitz

Elbe

6,5

Schlesin

Heidhof

191

191

53° 12'

53° 10'

53° 12'

53° 10'

11°16'

11°20'

11°24'

11°24'

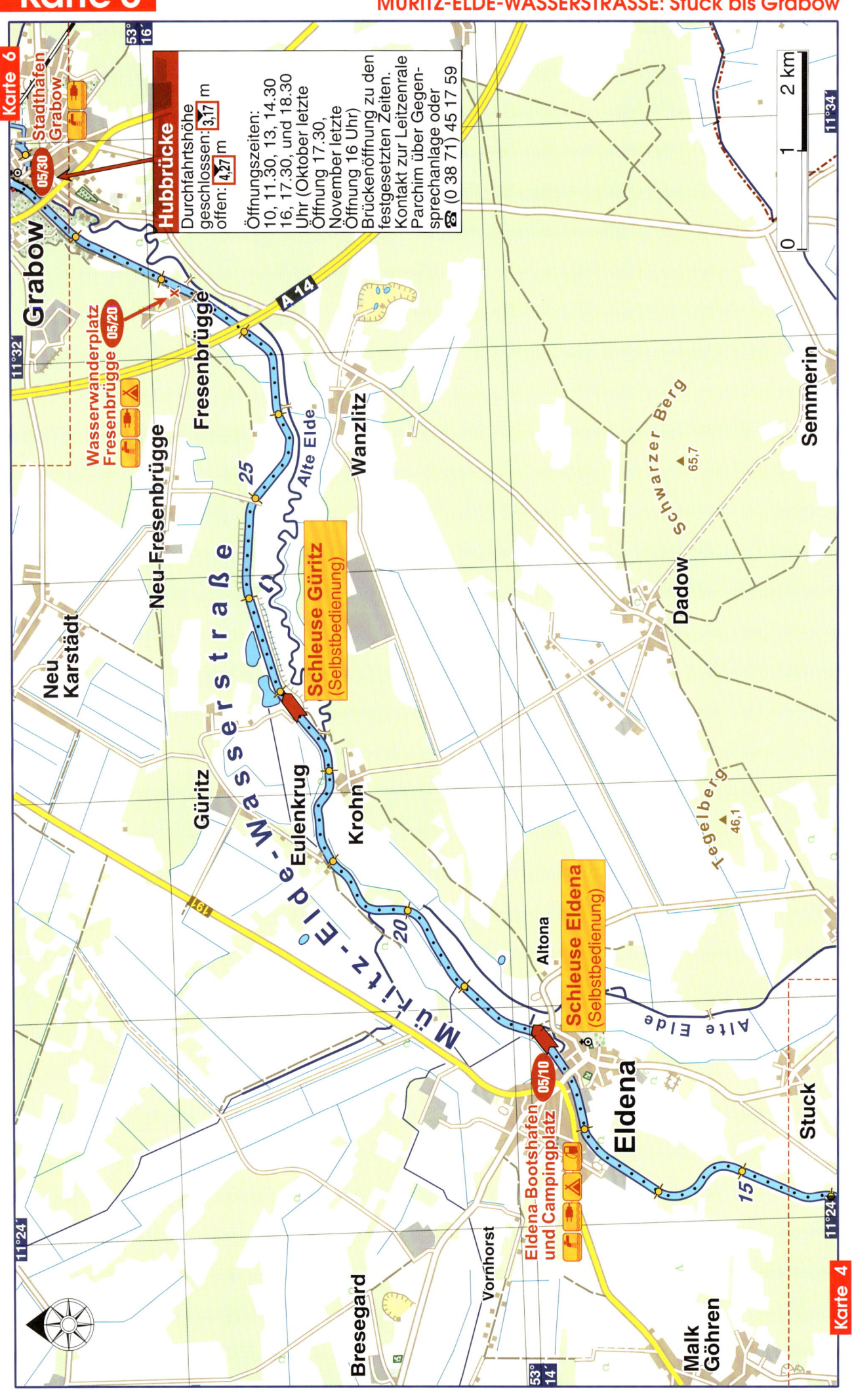

Hubbrücke
Durchfahrtshöhe
geschlossen: 3,17 m
offen: 4,27 m

Öffnungszeiten:
10, 11.30, 13, 14.30
16, 17.30, und 18.30
Uhr (Oktober letzte
Öffnung 17.30,
November letzte
Öffnung 16 Uhr)
Brückenöffnung zu den
festgesetzten Zeiten.
Kontakt zur Leitzenrale
Parchim über Gegen-
sprechanlage oder
☏ (0 38 71) 45 17 59

Karte 6

Stadthafen
Grabow

05/30

Grabow

Wasserwanderplatz
Fresenbrügge 05/20

Fresenbrügge

Neu-Fresenbrügge

A 14

Alte Elde

Wanzlitz

schwarzer Berg

Dadow

65,7

Semmerin

Neu
Karstädt

25

Müritz - Elde - Wasserstraße

Schleuse Güritz
(Selbstbedienung)

Güritz

Eulenkrug

Krohn

191

Tegelberg

46,1

20

Altona

Schleuse Eldena
(Selbstbedienung)

Alte Elde

05/10

Eldena

Stuck

Eldena Bootshafen
und Campingplatz

15

Vornhorst

Bresegard

Malk
Göhren

Karte 4

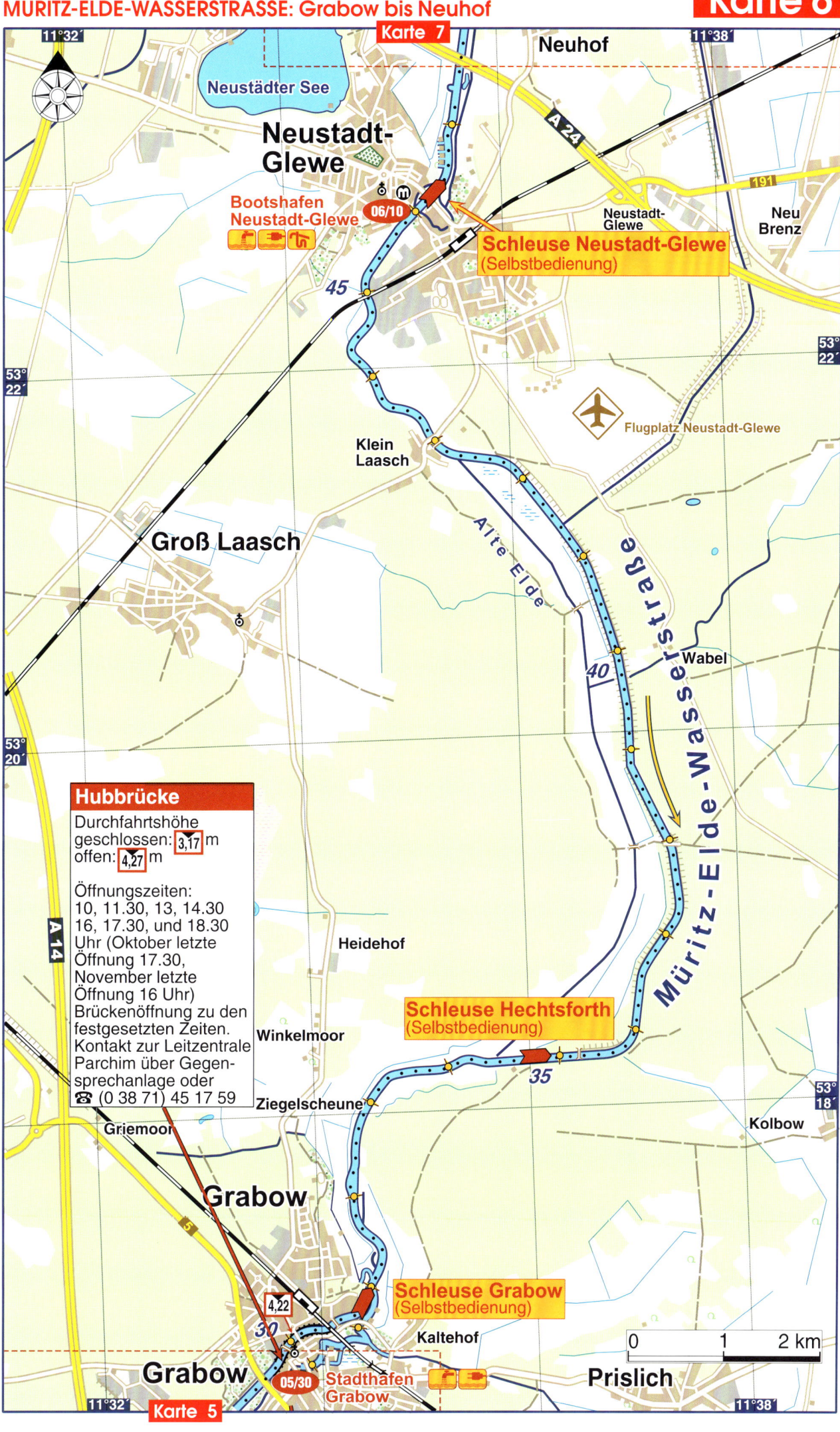

Karte 7

Neuhof

Neustädter See

Neustadt-Glewe

Bootshafen Neustadt-Glewe

06/10

Neustadt-Glewe

Neu Brenz

Schleuse Neustadt-Glewe (Selbstbedienung)

A 24

191

Flugplatz Neustadt-Glewe

45

53° 22'

Klein Laasch

Groß Laasch

Alte Elde

Wabel

40

Müritz-Elde-Wasserstraße

Hubbrücke

Durchfahrtshöhe
geschlossen: 3,17 m
offen: 4,27 m

Öffnungszeiten:
10, 11.30, 13, 14.30
16, 17.30, und 18.30
Uhr (Oktober letzte
Öffnung 17.30,
November letzte
Öffnung 16 Uhr)
Brückenöffnung zu den
festgesetzten Zeiten.
Kontakt zur Leitzentrale
Parchim über Gegen-
sprechanlage oder
☎ (0 38 71) 45 17 59

A 14

Heidehof

Winkelmoor

Schleuse Hechtsforth (Selbstbedienung)

35

53° 18'

Kolbow

Ziegelscheune

Griemoor

Grabow

5

4,22

30

Schleuse Grabow (Selbstbedienung)

Kaltehof

Grabow

05/30

Stadthafen Grabow

Prislich

0   1   2 km

2 km

1

0

Malchow

Damm

Flugplatz Schwerin-Parchim

1911

Spornitz

Alt Damerow

Agrarhistorisches Museum Pingelhof

WSA-Anleger

Lewitzkamp

07/20

Neu Matzlow

Schleuse Garwitz (Selbstbedienung)

Matzlow-

Marina Matzlow-Garwitz

07/10

60

-Garwitz

Dütschow

161

Müritz-Elde-Wasserstraße

Elde-Dreieck

55

Stör-Wasserstraße

4,18

Schleuse Lewitz (Selbstbedienung)

Krim

Riet Ut

Neuhof

50

Alte Elde

Eidekanal

Friedrichsmoor

Hohe-wisch

Kronskamp

Elde

A24

MÜRITZ-ELDE-WASSERSTRASSE: rund um Parchim

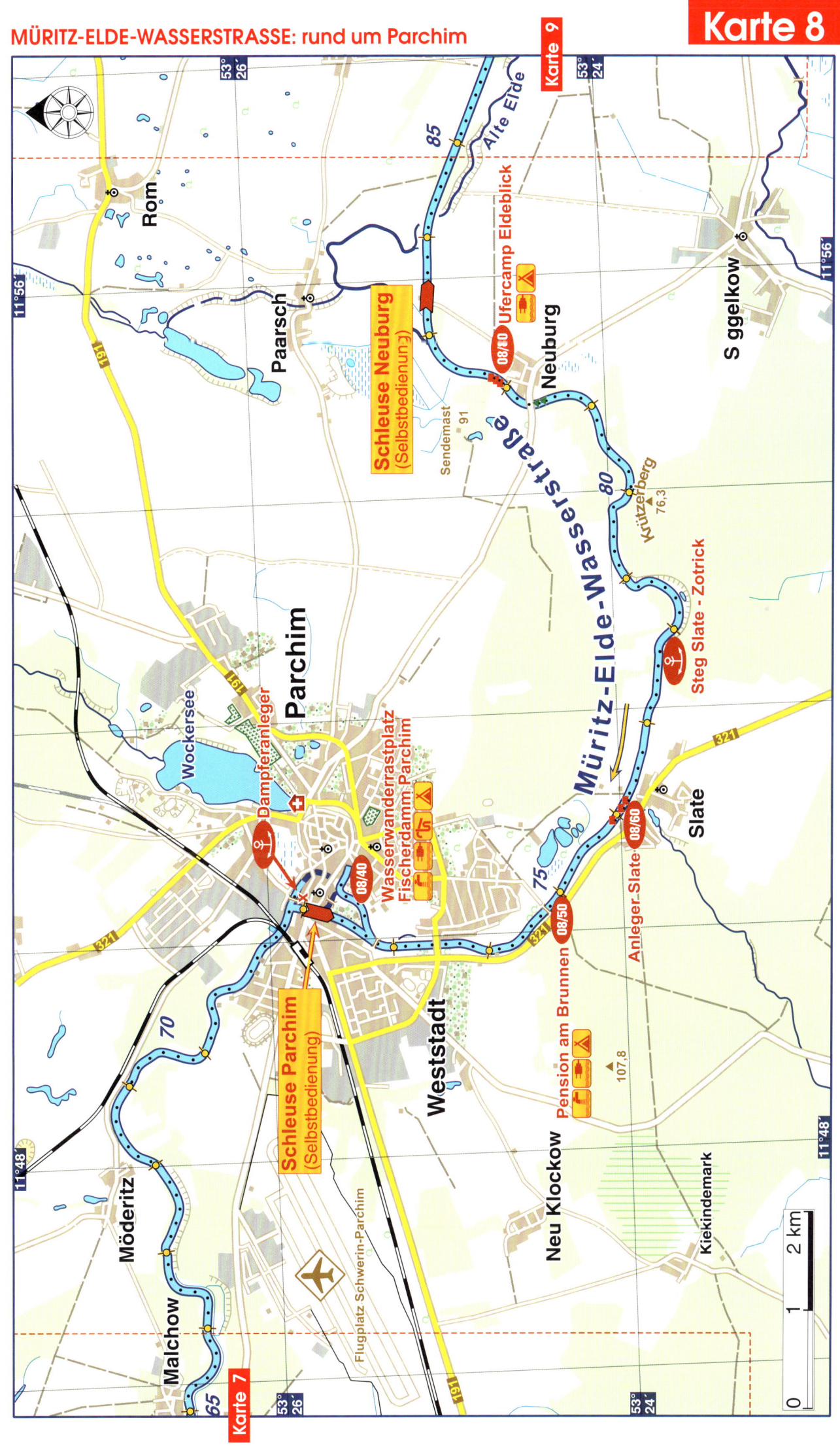

Karte 9

Rom

Paarsch

85

Alte Elde

Ufercamp Eldeblick

08/70

Neuburg

Sögglkow

Schleuse Neuburg
(Selbstbedienung)

Sendemast
91

Müritz-Elde-Wasserstraße

80

Krützerberg
76,3

Steg Slate - Zotrick

Parchim

Wockersee

Dampferanleger

Wasserwanderrastplatz
Fischerdamm Parchim

08/40

75

321

Anleger Slate

08/60

Slate

Schleuse Parchim
(Selbstbedienung)

70

Weststadt

Pension am Brunnen

08/50

107,8

Neu Klockow

321

Kiekindemark

Flugplatz Schwerin-Parchim

Möderitz

Malchow

65

Karte 7

0   1   2 km

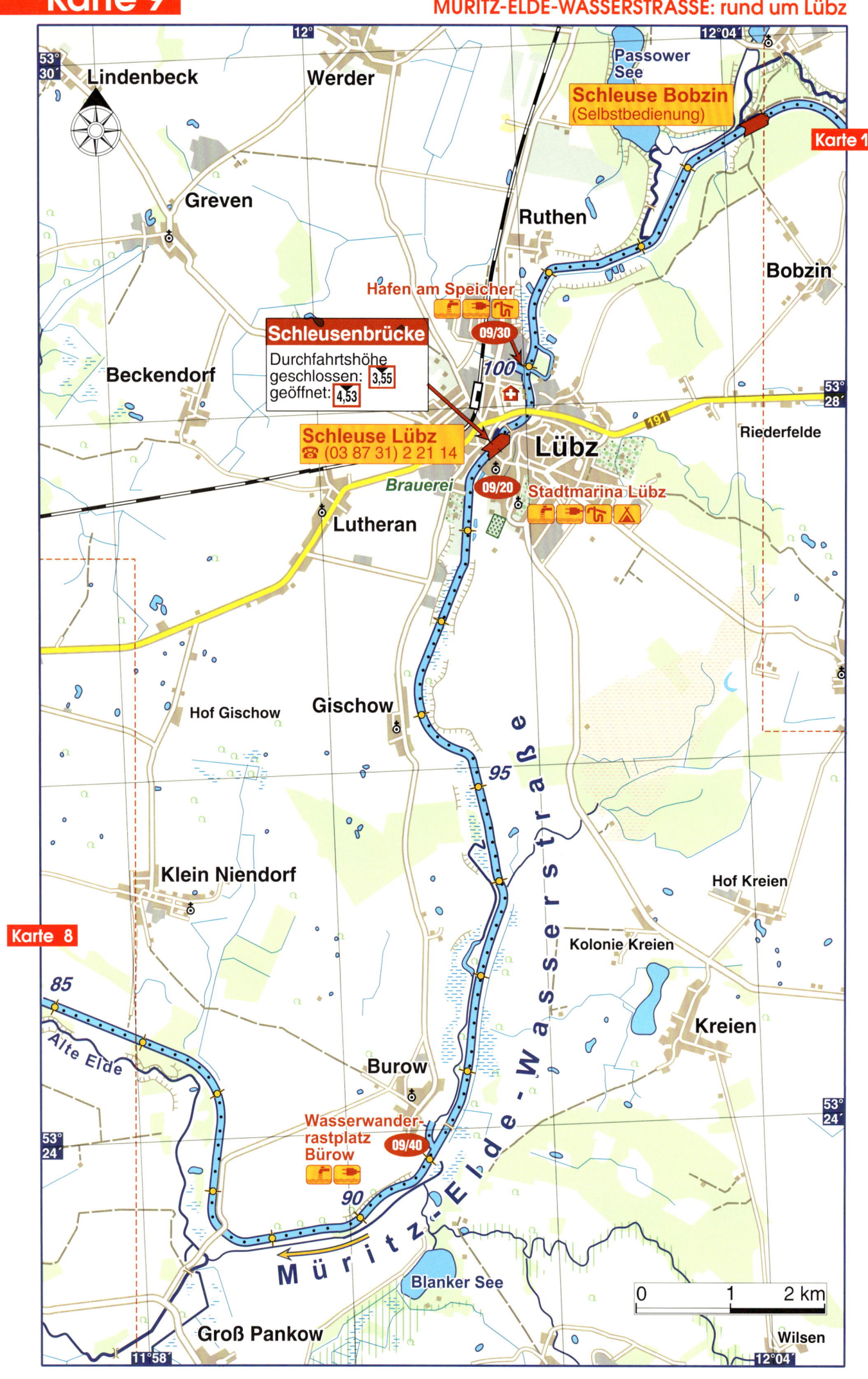

Lindenbeck

Werder

Passower See

Schleuse Bobzin
(Selbstbedienung)

Greven

Ruthen

Bobzin

Karte 10

Hafen am Speicher

Beckendorf

Schleusenbrücke
Durchfahrtshöhe
geschlossen: 3,55
geöffnet: 4,53

09/30

100

53°
28´

Schleuse Lübz
☎ (03 87 31) 2 21 14

191

Lübz

Riederfelde

Brauerei

09/20

Stadtmarina Lübz

Lutheran

Hof Gischow

Gischow

95

Klein Niendorf

Hof Kreien

Kolonie Kreien

Karte 8

Kreien

85

Alte Elde

53°
24´

Burow

Wasserwander-rastplatz Bürow

09/40

90

M ü r i t z - E l d e - W a s s e r s t r a ß e

Blanker See

0   1   2 km

Groß Pankow

Wilsen

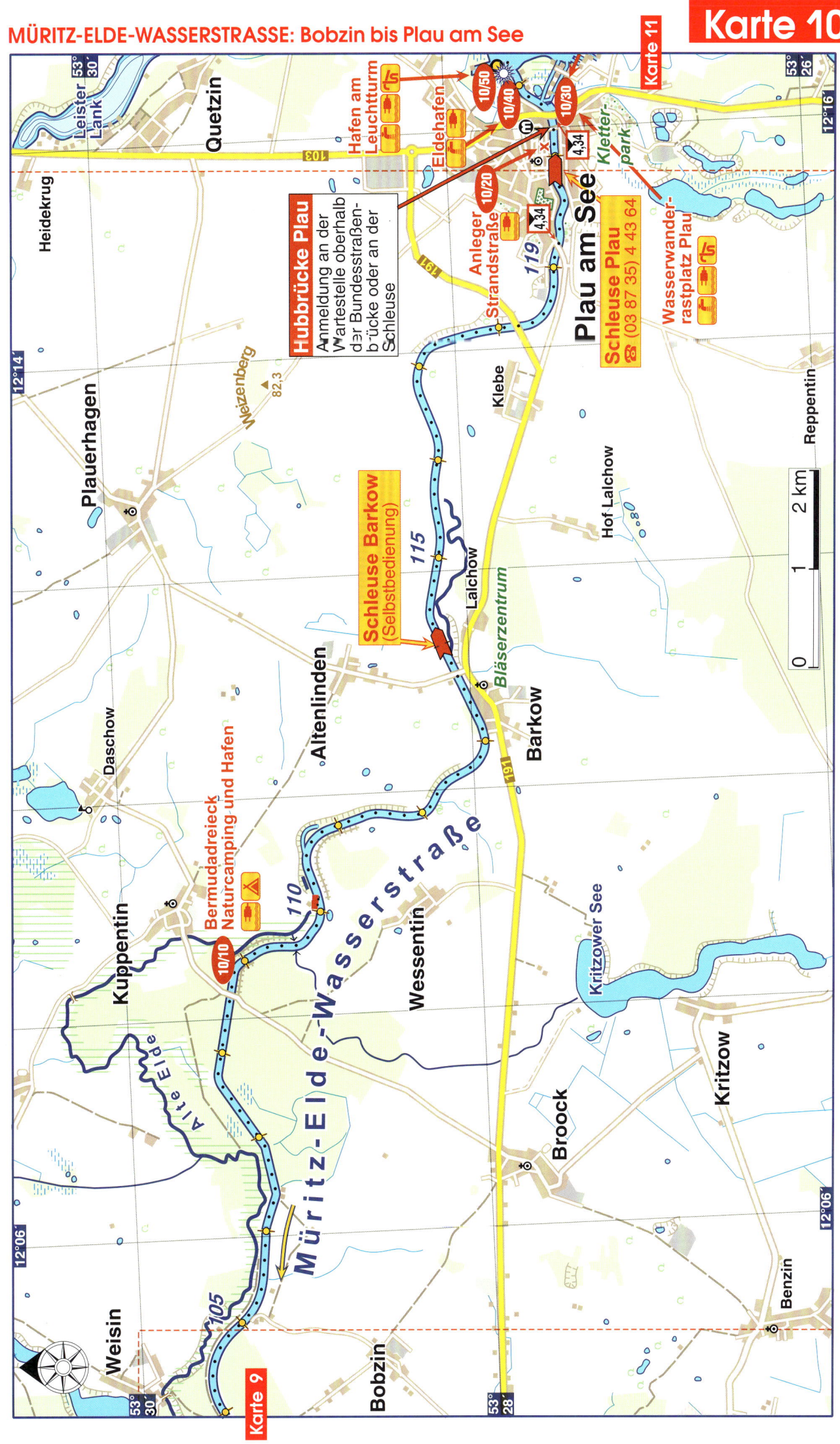

Leister Lank

Heidekrug

Quetzin

103

Hafen am Leuchtturm

Eldehafen

10/50

10/40

10/30

Plau am See

Kletterpark

4,34

Anleger Strandstraße

10/20

119

4,34

Schleuse Plau ☎ (03 87 35) 4 43 64

Wasserwander-rastplatz Plau

Hubbrücke Plau
Anmeldung an der Wartestelle oberhalb der Bundesstraßenbrücke oder an der Schleuse

191

Weizenberg
82,3

Plauerhagen

Plauerhagen

Daschow

Schleuse Barkow (Selbstbedienung)

115

Lalchow

Klebe

Hof Lalchow

Bläserzentrum

Barkow

191

Altenlinden

Wessentin

Bermudadreieck Naturcamping und Hafen

10/10

110

Kuppentin

Kritzower See

Kritzow

Müritz-Elde-Wasserstraße

Broock

Benzin

Reppentin

Alte Elde

105

Weisin

Bobzin

Karte 9

2 km

1

0

N

12°14'

12°16'

53° 30'

53° 26'

12°06'

53° 30'

53° 28'

12°06'

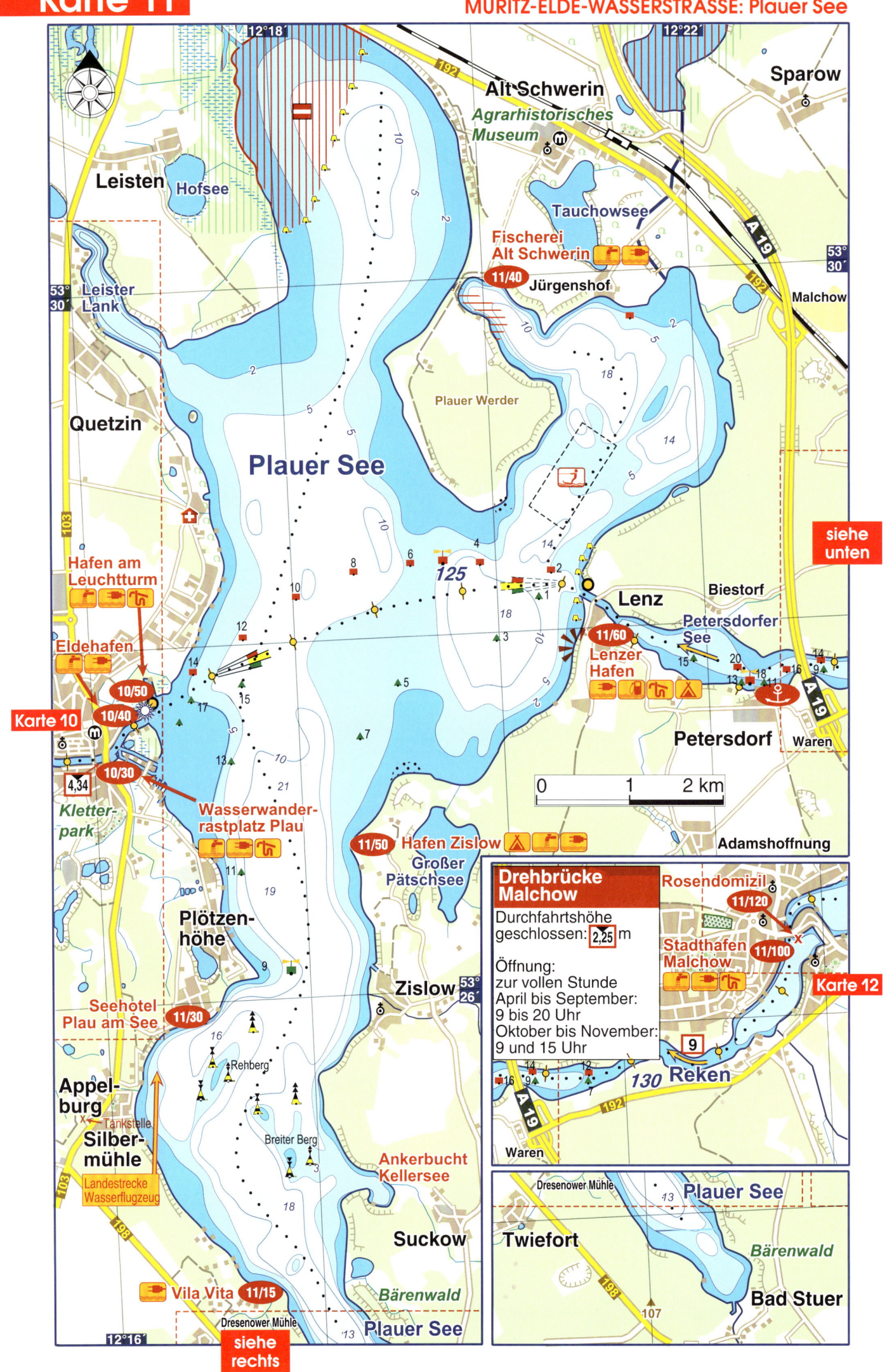

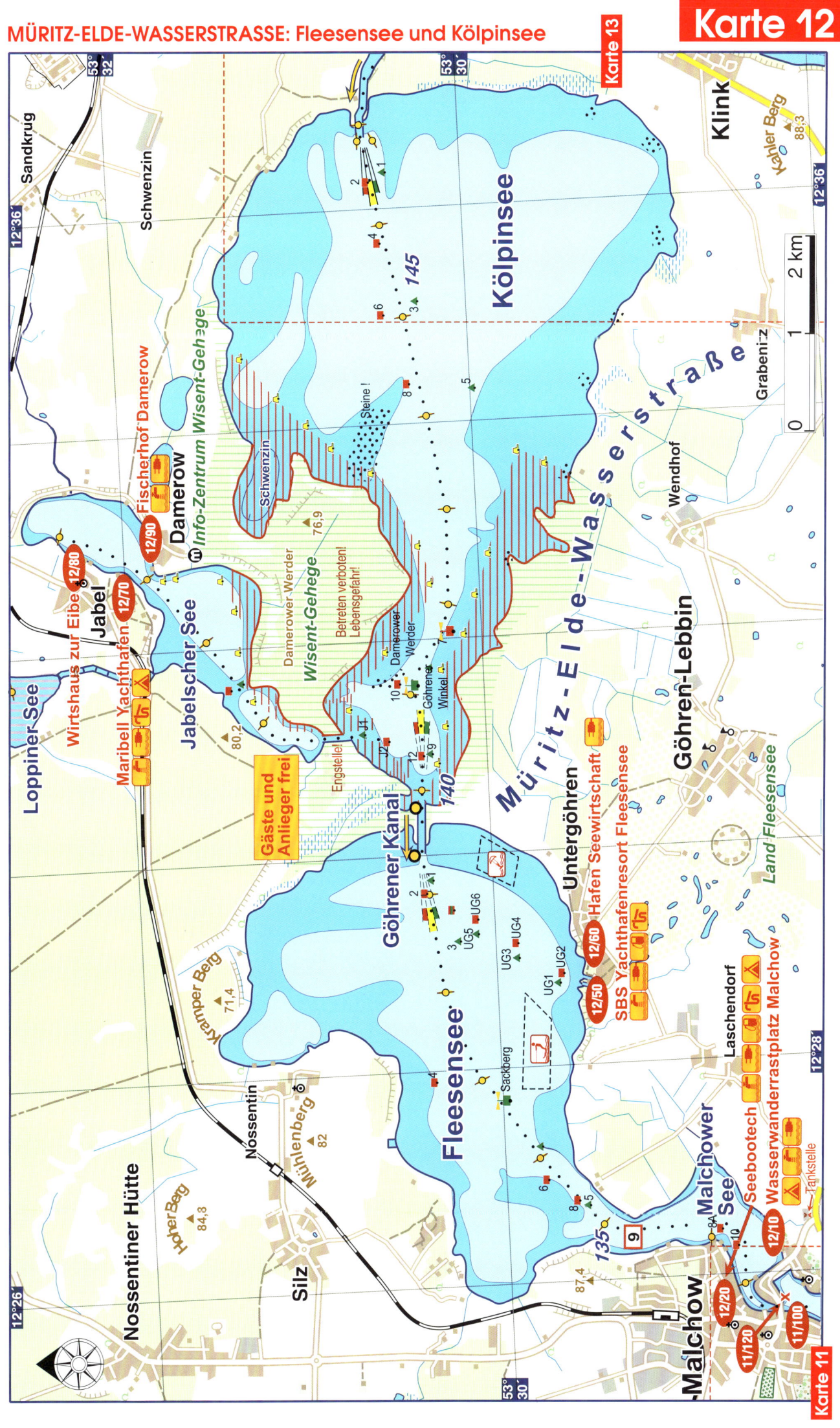

Karte 13

Karte 11

Sandkrug

Schwenzin

Fischerhof Damerow

Damerow

Info-Zentrum Wisent-Gehege

12/90

Wirtshaus zur Elbe 12/80

Maribell Yachthafen 12/70

Jabel

Loppiner See

Jabelscher See

Schwenzin

Damerower Werder

76,9

Wisent-Gehege

Damerower Werder

Betreten verboten!
Lebensgefahr!

Steine !

80,2

Engstelle!

Gäste und
Anlieger frei

Göhrener
Winkel

Göhrener Kanal

Kölpinsee

145

Müritz-Elde-Wasserstraße

Wendhof

Grabenitz

Klink

Kahler Berg

88,3

Göhren-Lebbin

Land Fleesensee

Untergöhren

Hafen Seewirtschaft

SBS Yachthafenresort Fleesensee 12/60

12/50

Krämper Berg

71,4

Nossentin

Mühlenberg

82

Fleesensee

Sackberg

135

UG5 UG6

UG3 UG4

UG1 UG2

Laschendorf

Wasserwanderrastplatz Malchow 12/10

Seebootech

Tankstelle

Malchower See

Malchow

12/20

11/120

11/100

Nossentiner Hütte

Hoher Berg

84,3

Silz

2 km

1

0

N

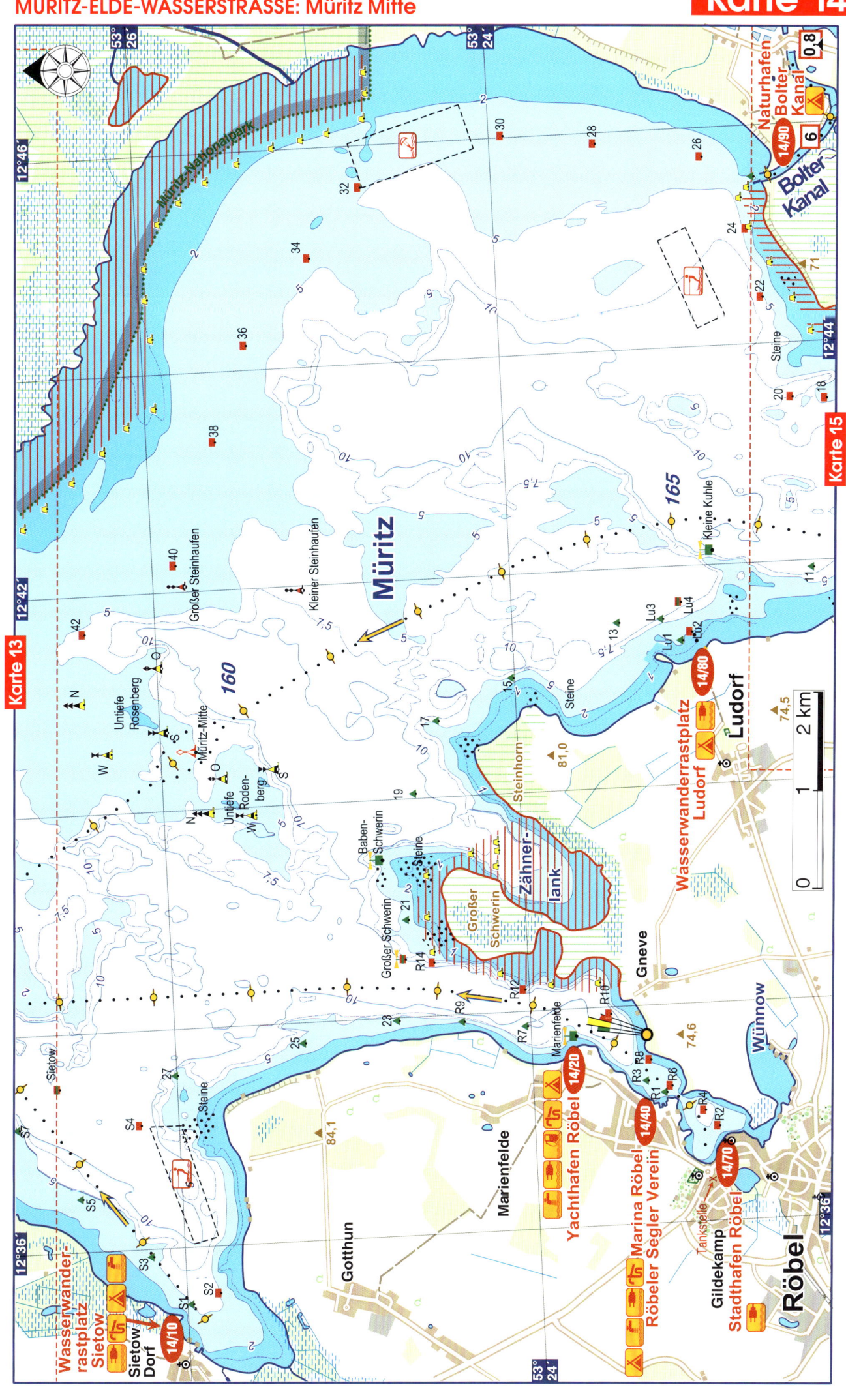

Müritz-Nationalpark

Müritz

160

165

Karte 13

Karte 15

Naturhafen Bolter Kanal

14/90

Bolter Kanal

Steine

Kleine Kuhle

Großer Steinhaufen

Kleiner Steinhaufen

Untiefe Rosenberg

Müritz-Mitte

Untiefe Rodenberg

Lu3 Lu4 Lu2 Lu1

14/80

Wasserwanderrastplatz Ludorf

Ludorf

74,5

Baben-Schwerin

Steine

Steinhorn

Steine

81,0

Zähner-lank

Großer Schwerin

Gneve

Wünnow

R14 R12 R10 R9 R7 R8 R3 R1 R6 R4 R2

Marienfelde

74,6

84,1

14/20

Yachthafen Röbel

14/40

Marina Röbel
Röbeler Segler Verein

14/70

Gildekamp
Stadthafen Röbel

Tankstelle

Röbel

Gotthun

Marienfelde

Wasserwander-rastplatz Sietow

Sietow Dorf

14/10

S1 S2 S3 S4 S5

Sietow

0 1 2 km

Müritz

Steine

Classee C4
C3
C2
C1

Hafendorf Müritz

15/10 Marina Müritz

Zielow

Rechlin-Nord

Claassee

QUICK MARITIM MEDIEN

Naturhafen Bolter Kanal

14/90

6   0,8

Bolter Kanal: Befahren erlaubt für Sportboote bis 10 m Länge und 0,80 m Tiefgang.

Hof-see

Rechlin

Kleine Müritz
Re4 Re2
Re3 Re1

Seglerhafen Rechlin
15/20

15/30 Ferienzentrum Yachthafen Rechlin

Sprottscher Berg
92,1

Vipperow

Fischerhof Vipperow
15/40

MHW1
MHW2

Vietzen

4,19

Retzow

Kotzow

Achtung! In Richtung Mirow / MHW Wechsel der Betonnungsrichtung!

Gaarzer Mühle

Sumpf-see
30

Müritz-Flugplatz-Rechlin-Lärz

9

Priborn

175

Neu Gaarz

Müritz-Havel-Wasserstraße

Lärz

Fährberg
71,4

Alt Gaarz

Im Langen Ort

25

1b

Dalben

Müritz-see
1a 2
1 0

Thüren

siehe unten

Blocksberg
73,3

Tralowsee

0   1   2 km

Karte 16

2,3

Krümmel

Krümmeler See

Nebelsee

Marina Buchholz
15/50

Müritz-see
1a 2
1 0

81,3

Sewekow-see

5

Ablage Nebelsee

Buchholz 180

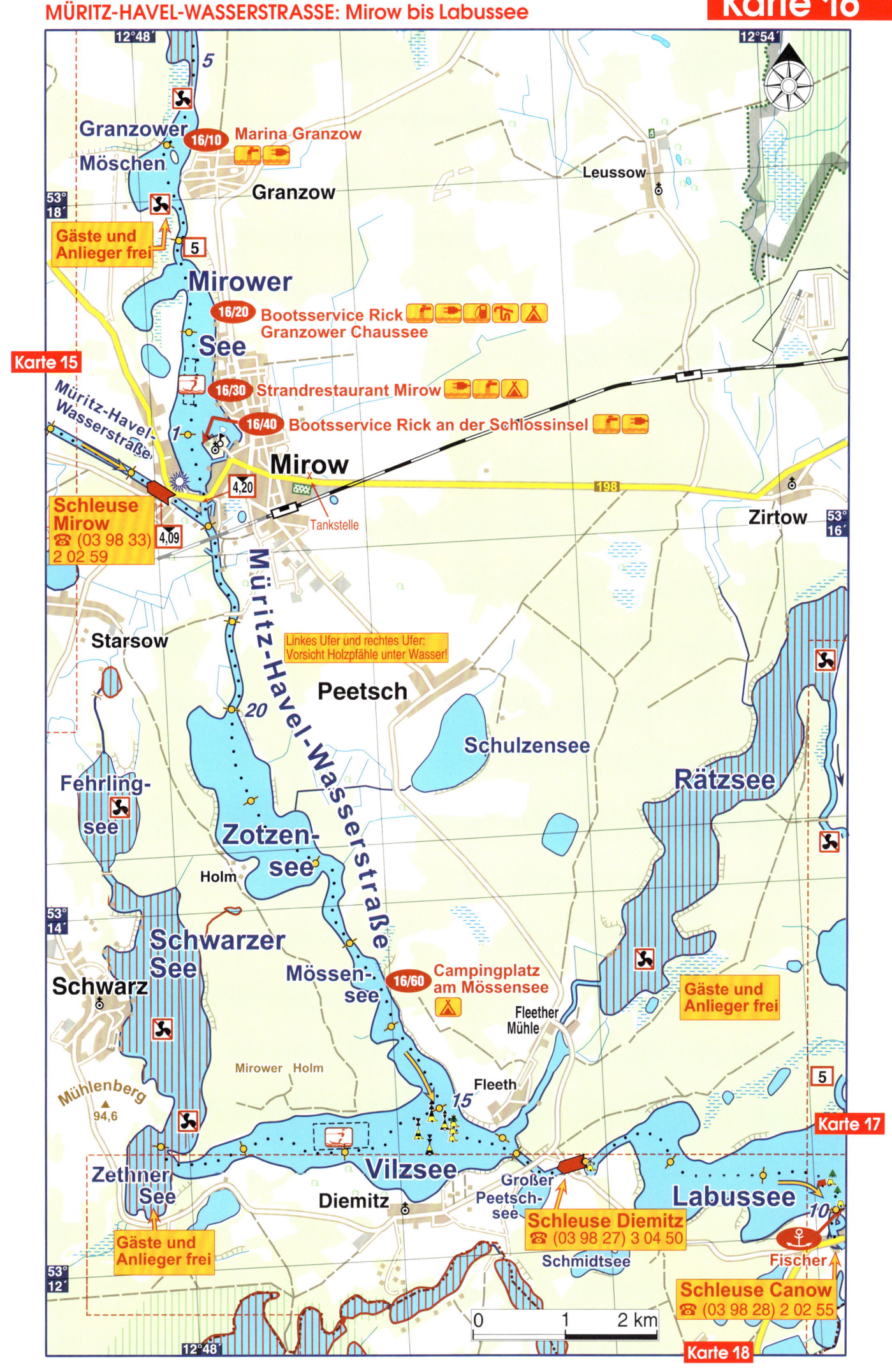

12°48′

Granzower
Möschen

16/10 Marina Granzow

Leussow

Granzow

53°
18′

Gäste und
Anlieger frei

5

Mirower

16/20 Bootsservice Rick
Granzower Chaussee

Karte 15

See

16/30 Strandrestaurant Mirow

Müritz-Havel-
Wasserstraße

1

16/40 Bootsservice Rick an der Schlossinsel

Mirow

4,20

198

Zirtow

53°
16′

→ Tankstelle

Schleuse
Mirow
☎ (03 98 33)
2 02 59

4,09

12°54′

Starsow

Linkes Ufer und rechtes Ufer:
Vorsicht Holzpfähle unter Wasser!

Peetsch

Schulzensee

Rätzsee

53°
14′

20

Fehrling-
see

Zotzen-
see

Holm

Schwarzer
See

Schwarz

Mössen-
see

16/60

Campingplatz
am Mössensee

Gäste und
Anlieger frei

Fleether
Mühle

Fleeth

5

Karte 17

Mühlenberg
▲
94,6

Mirower Holm

15

Zethner
See

Vilzsee

Labussee

Gäste und
Anlieger frei

Diemitz

Großer
Peetsch-
see

10

Fischer

Schleuse Diemitz
☎ (03 98 27) 3 04 50

53°
12′

Schmidtsee

Schleuse Canow
☎ (03 98 28) 2 02 55

0   1   2 km

12°48′

Karte 18

13°06'

53° 12'

Karte 20

Kleinmenow

Ziernsee

Havel 65

Stein-förde

Menow-see

Radensee

Kleiner Glietzensee

13°04'

Wangnitzsee

Großer Priepertsee

Priepert

Yachthafen Priepert

Großmenow

13°

Havel 75

Obere Havel-Wasserstraße

70

17/60

Ellbogensee

15

Brandenburg-Vorpommern

Mecklenburg-Vorpommern

Fischer Finowsee

Hartenland

Naumanns Marina am Ellbogsee

17/55

Strasen

Schleuse Strasen
☎ (03 98 28) 2 04 84

84,6

Pelzkuhl

Karte 19

4,00

2 km

Plätlinsee

Wustrow

Warberg

Buchseeberg
90,6

Pälitzhof

Großer Pälitzsee

Großzerlang

1

0

12°58'

Neu Drosedow

Klenz-see

Müritz-Havel-Wasserstraße

Campingplatz Pälitzsee

Großzerlang

Kleiner Pälitzsee

Kolonie Großzerlang

Boot & Mehr

Schleuse Wolfsbruch
☎ (03 39 21) 7 02 40

Drosedow

Seewalde

Campingplatz am Gobenowsee

17/10

Neu Canow

Labussee

Schleuse Canow
☎ (03 98 28) 2 02 55

Marina Canow

17/40

17/30

Gobenowsee

Gäste und Anlieger frei

Dollbek

Canower See

Canow

Anleger Kleinzerlang

Klein-zerlang

17/15

Drosedower Bek

53° 14'

Karte 16

5

Karte 18

Wolfsbruchschlause

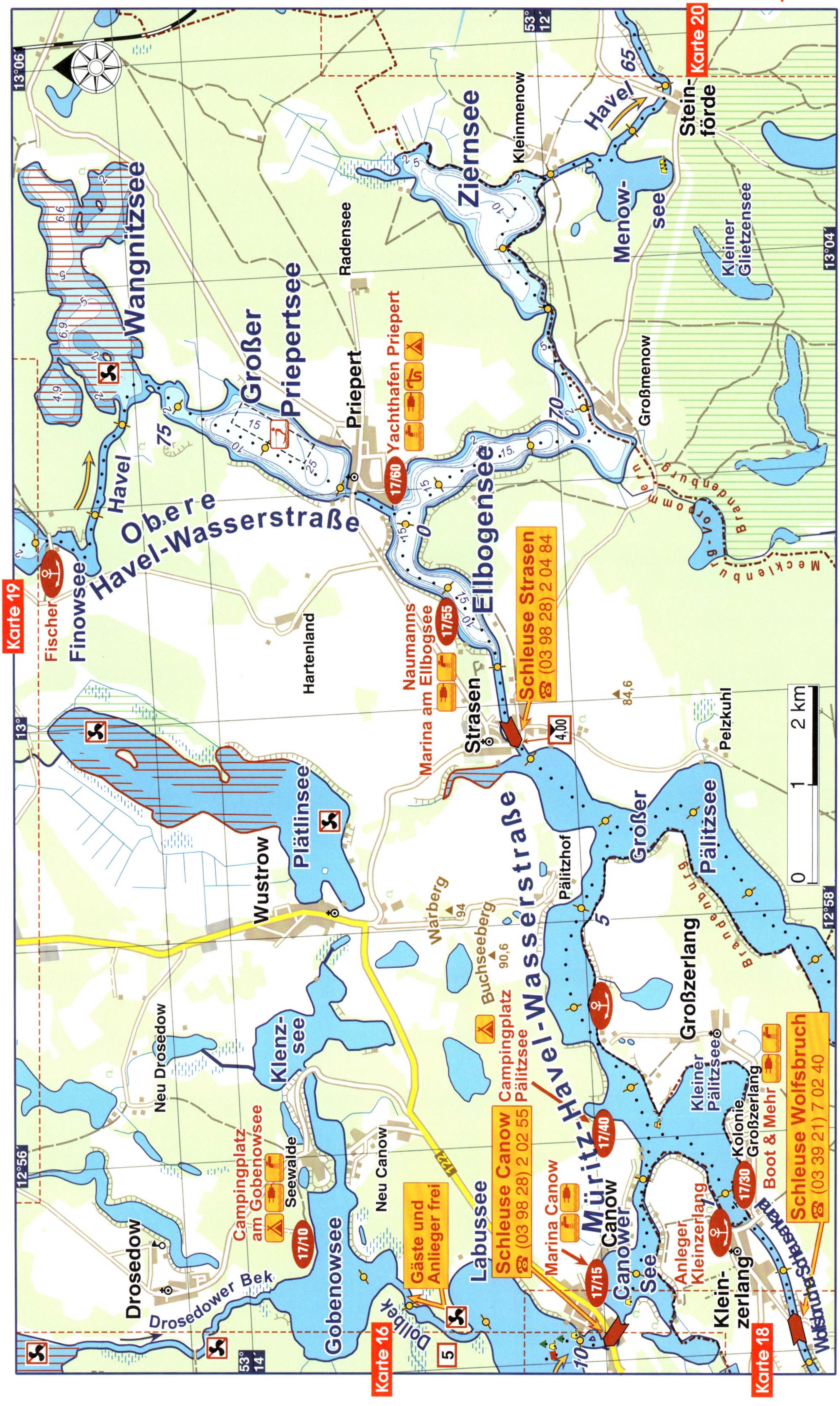

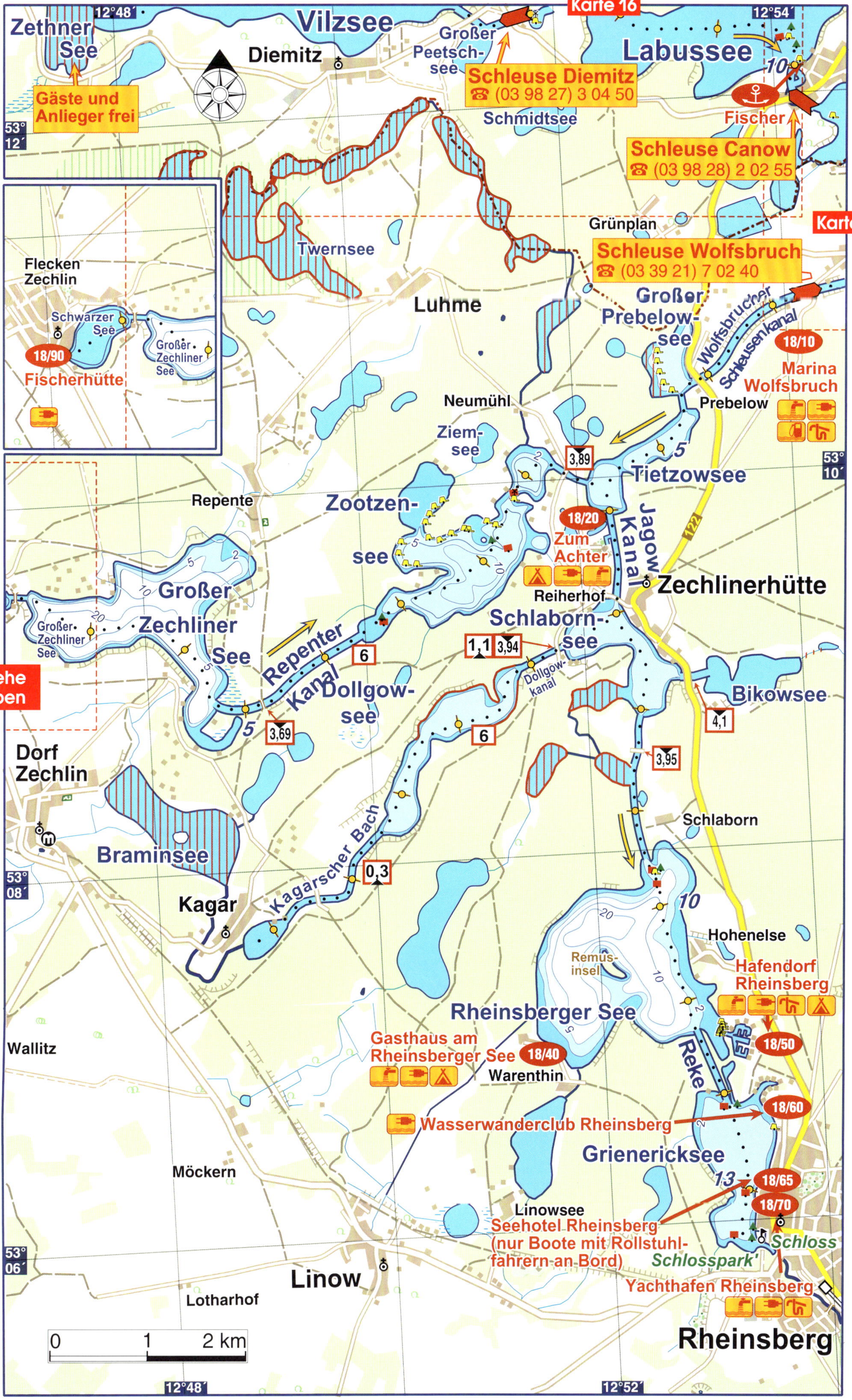

RHEINSBERGER GEWÄSSER: mit Zechliner Gewässern

Zethner See

Gäste und Anlieger frei

Vilzsee

Diemitz

Großer Peetsch-see

Schleuse Diemitz
☎ (03 98 27) 3 04 50

Schmidtsee

Labussee

10

Fischer

Schleuse Canow
☎ (03 98 28) 2 02 55

Grünplan

Karte 16

Karte 17

Flecken Zechlin

Schwarzer See

18/90
Fischerhütte

Großer Zechliner See

Twernsee

Luhme

Schleuse Wolfsbruch
☎ (03 39 21) 7 02 40

Großer Prebelow-see

Wolfsbrucher Schleusenkanal

Prebelow

18/10
Marina Wolfsbruch

Repente

Neumühl

Ziem-see

3,89

5

Tietzowsee

Zootzen-see

2

10

18/20
Zum Achter

Reiherhof

Jagow Kanal

122

Zechlinerhütte

53° 10'

Großer Zechliner See

Großer Zechliner See

5

2

10

20

Repenter Kanal

6

5

Dollgow-see

1,1 3,94

Schlaborn-see

Dollgow-kanal

Bikowsee

4,1

siehe oben

3,69

6

3,95

Dorf Zechlin

Braminsee

Kagar

Kagarscher Bach

0,3

Schlaborn

10

Hohenelse

Remus-insel

20

10

Hafendorf Rheinsberg

18/50

Wallitz

Rheinsberger See

5

Gasthaus am Rheinsberger See **18/40**

Warenthin

Reke

2

18/60

Wasserwanderclub Rheinsberg

Möckern

Grienericksee

13

18/65

18/70

Linowsee

**Seehotel Rheinsberg
(nur Boote mit Rollstuhl-
fahrern an Bord)**

Schloss

Schlosspark

Linow

Lotharhof

Yachthafen Rheinsberg

0   1   2 km

Rheinsberg

Krams-see

Görtow-see

Zierz-see

Prälank

Marina Neustrelitz Santana Yachting

Stadthafen Neustrelitz

19/20

94

19/30

Zierker See

19/40

Neu-strelitz

Neptunclub Neustrelitz

Hohenlanke

Lindenberg

Bauern-berg 86

Userin

Kammerkanal

90

3,48

53° 20'

Useriner See

Quassower Teerofen

Groß Quassow

Schleuse Voßwinkel (Selbstbedienung) ☎ (0 39 81) 20 05 49

Zwenzow

Useriner Mühle

Useriner Schleuse

Kilometersprung: In der offiziellen Kilometrierung fehlt ein Kilometer

90 Havel

3,51

19/50

Voßwinkel

Floßgraben

Groß Trebbow

Großer Labus-see

0,9

Klein Quassow

Verein Mecklenburg-Strelitzer Segler

85

Below

53° 18'

Kleiner Labussee

Woblitzsee

Obere

198

Großer Weißer See

Wesenberg

19/60

4,20

19/70

Marina Wesenberg

Wasserwanderrastplatz Wesenberg

Rotemoorberg 105

Schleuse Wesenberg ☎ (03 98 32) 2 02 14

Havel-Wasserstraße

80

Ahrensberg

Havel

Drewensee

4,21

0   1   2 km

Karte 17

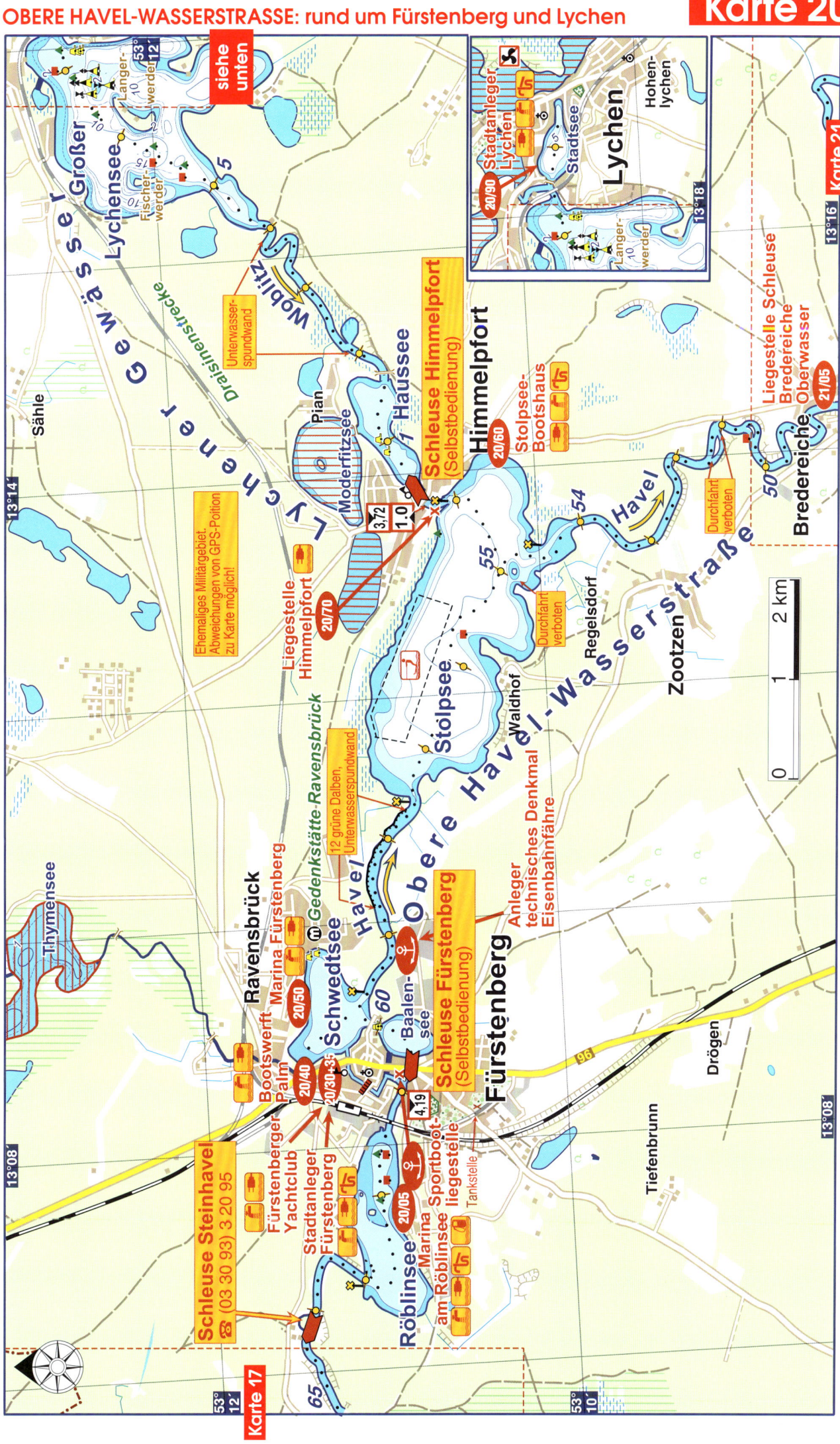

Karte 21

Karte 18

Lychen

Hohen-
lychen

Stadanleger
Lychen

Stadtsee

20/90

13°16'

Langer-
werder

Großer Lychensee

Fischer-
werder

53°12'

siehe
unten

Lychener Gewässer

Sähle

13°14'

Wöblitz

Draisinenstrecke

Unterwasser-
spundwand

Schleuse Himmelpfort
(Selbstbedienung)

Haussee

Pian

Moderfitzsee

Ehemaliges Militärgebiet.
Abweichungen von GPS-Poition
zu Karte möglich!

Liegestelle
Himmelpfort

20/70

3.72   1.0

Stolpsee-
Bootshaus

20/60

Himmelpfort

55

54

Havel

Durchfahrt
verboten

50

Bredereiche
Oberwasser

21/05

Liegestelle Schleuse
Bredereiche
Oberwasser

Bredereiche

Stölpsee

Waldhof

Regelsdorf

Durchfahrt
verboten

Zootzen

Obere Havel-Wasserstraße

2 km

1

0

12 grüne Dalben,
Unterwasserspundwand

Gedenkstätte-Ravensbrück

Marina Fürstenberg

Ravensbrück

Schwedtsee

Havel

Schleuse Fürstenberg
(Selbstbedienung)

Anleger
technisches Denkmal
Eisenbahnfähre

Baalen-
see

60

Fürstenberg

96

Drögen

13°08'

Thymensee

Thymensee

20/50

Bootswerft
Palm

20/40

20/30-33

Fürstenberger
Yachtclub

Stadtanleger
Fürstenberg

Schleuse Steinhavel
☎ (03 30 93) 3 20 95

4,19

Marina
am Röblinsee

Sportboot-
liegestelle

Tankstelle

Tiefenbrunn

Röblinsee

20/05

65

Karte 17

53°12'

53°10'

53°08'

13°08'

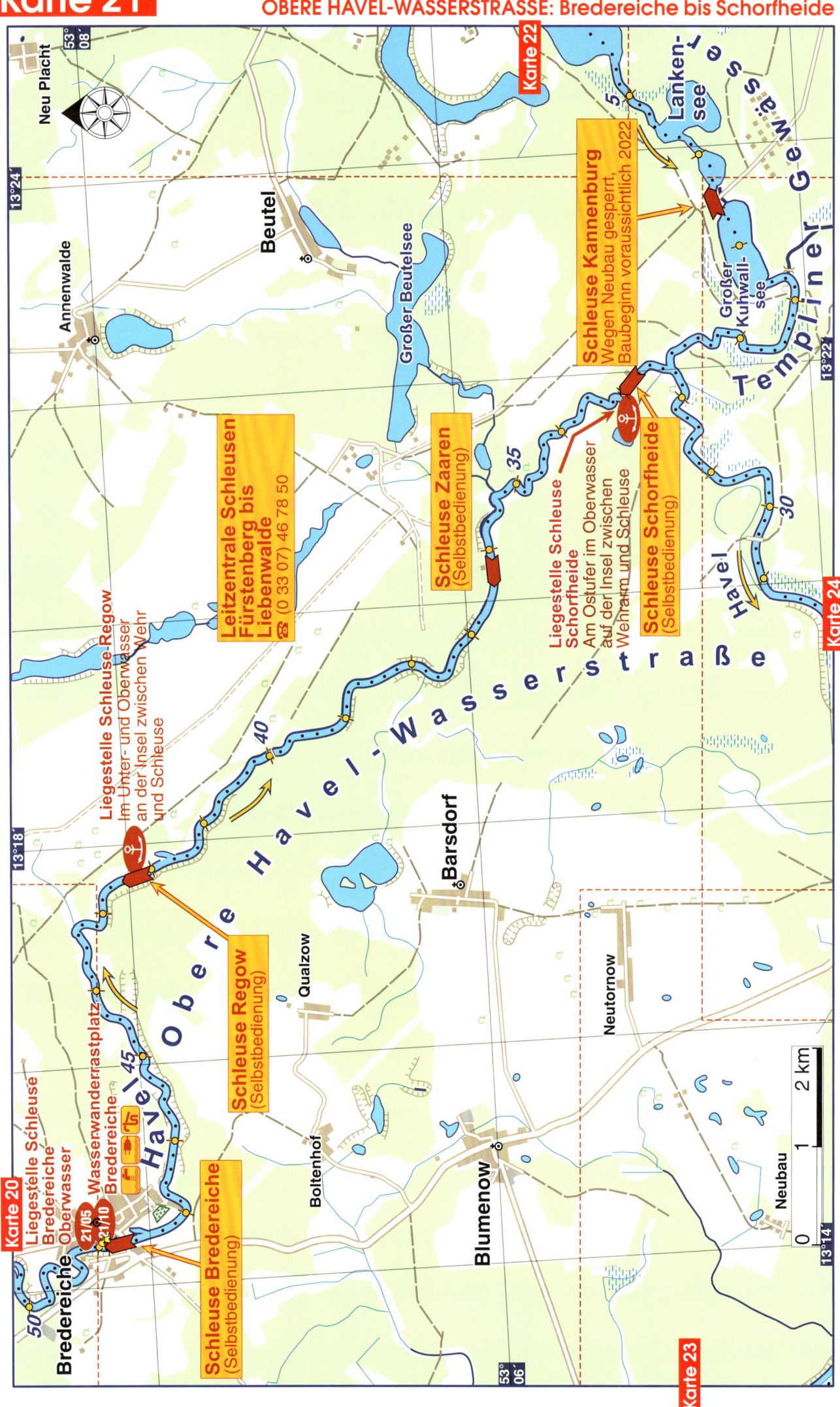

Neu Placht

53° 08'

13°24'

Annenwalde

Beutel

Großer Beutelsee

Karte 22

Lanken-see

Templiner Gewässer

Schleuse Kannenburg
Wegen Neubau gesperrt, Baubeginn voraussichtlich 2022

Großer Kuhwall-see

13°22'

Leitzentrale Schleusen Fürstenberg bis Liebenwalde
☎ (0 33 07) 46 78 50

Schleuse Zaaren
(Selbstbedienung)

35

Liegestelle Schleuse Schorfheide
Am Ostufer im Oberwasser auf der Insel zwischen Wehrarm und Schleuse

Schleuse Schorfheide
(Selbstbedienung)

30

Havel

Obere Havel-Wasserstraße

40

13°18'

Liegestelle Schleuse Regow
Im Unter- und Oberwasser an der Insel zwischen Wehr und Schleuse

Barsdorf

Karte 24

Schleuse Regow
(Selbstbedienung)

Qualzow

Neutornow

Havel 45

Wasserwanderrastplatz Bredereiche

Boltenhof

Blumenow

Neubau

2 km

1

0

Karte 20

Liegestelle Schleuse Bredereiche Oberwasser

21/05
21/10

Schleuse Bredereiche
(Selbstbedienung)

50

Bredereiche

53° 06'

Karte 23

13°14'

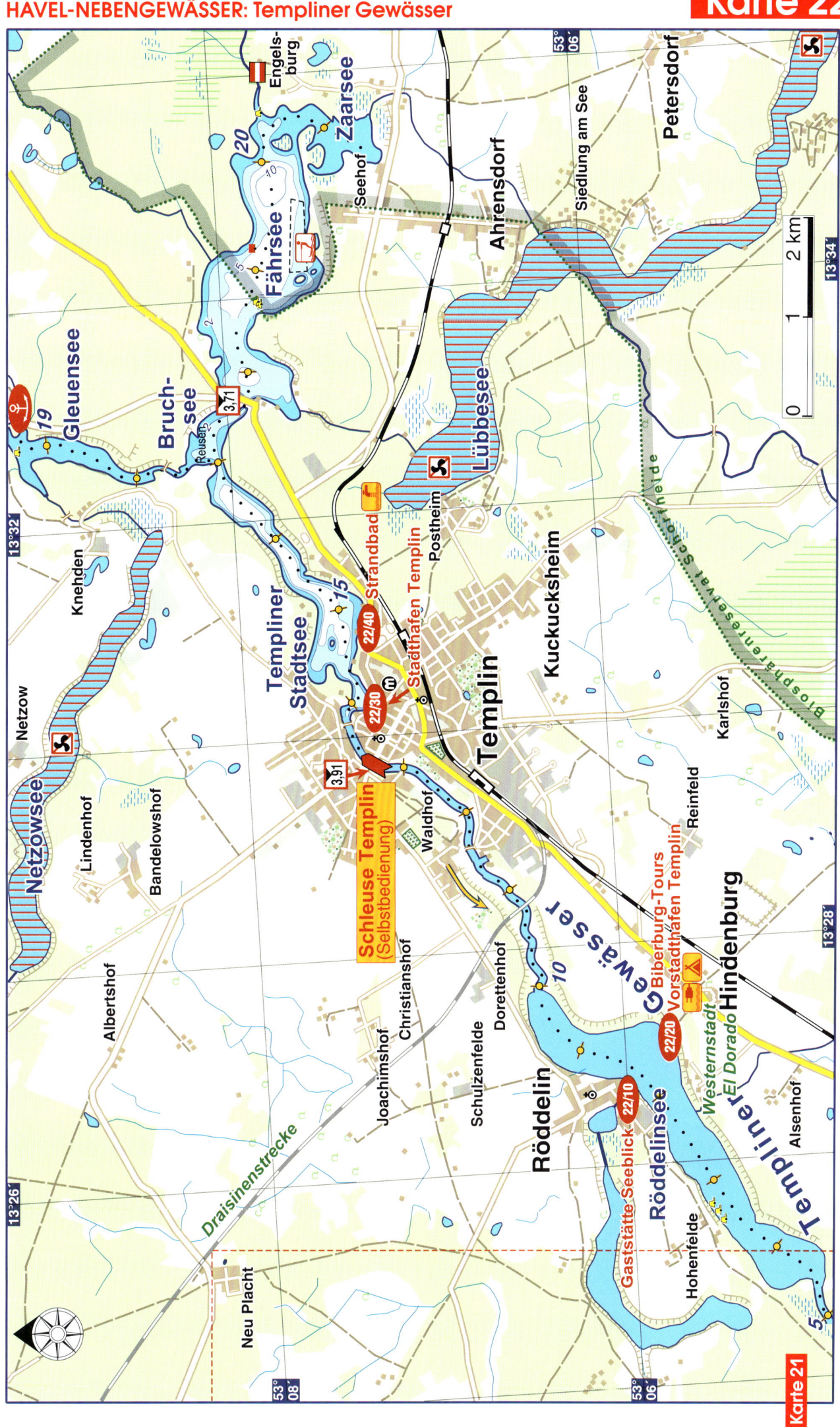

Engels-
burg
Engels-
burg

20

Zaarsee

Fährsee

Seehof

Ahrensdorf

Siedlung am See

Petersdorf

2 km

1

0

Gleuensee

19

Bruch-
see

3.71

Knehden

Lübbesee

Postheim

Strandbad

Kuckucksheim

Netzow

Netzowsee

Templiner Stadtsee

15

22/40

Stadthafen Templin

22/30

Templin

Karlshof

Reinfeld

Biosphärenreservat Schorfheide

13°32

13°34

53° 06'

Lindenhof

Bandelowshof

Albertshof

Joachimshof

Christianshof

Waldhof

3.91

Schleuse Templin
(Selbstbedienung)

10

Templiner Gewässer

Biberburg-Tours
Vorstadthafen Templin

Westernstadt
El Dorado Hindenburg

22/20

Alsenhof

Schulzenfelde

Dorettenhof

Röddelin

Röddelinsee

22/10

Gaststätte Seeblick

Hohenfelde

5

Draisinenstrecke

Neu Placht

13°26

53° 08'

53° 06'

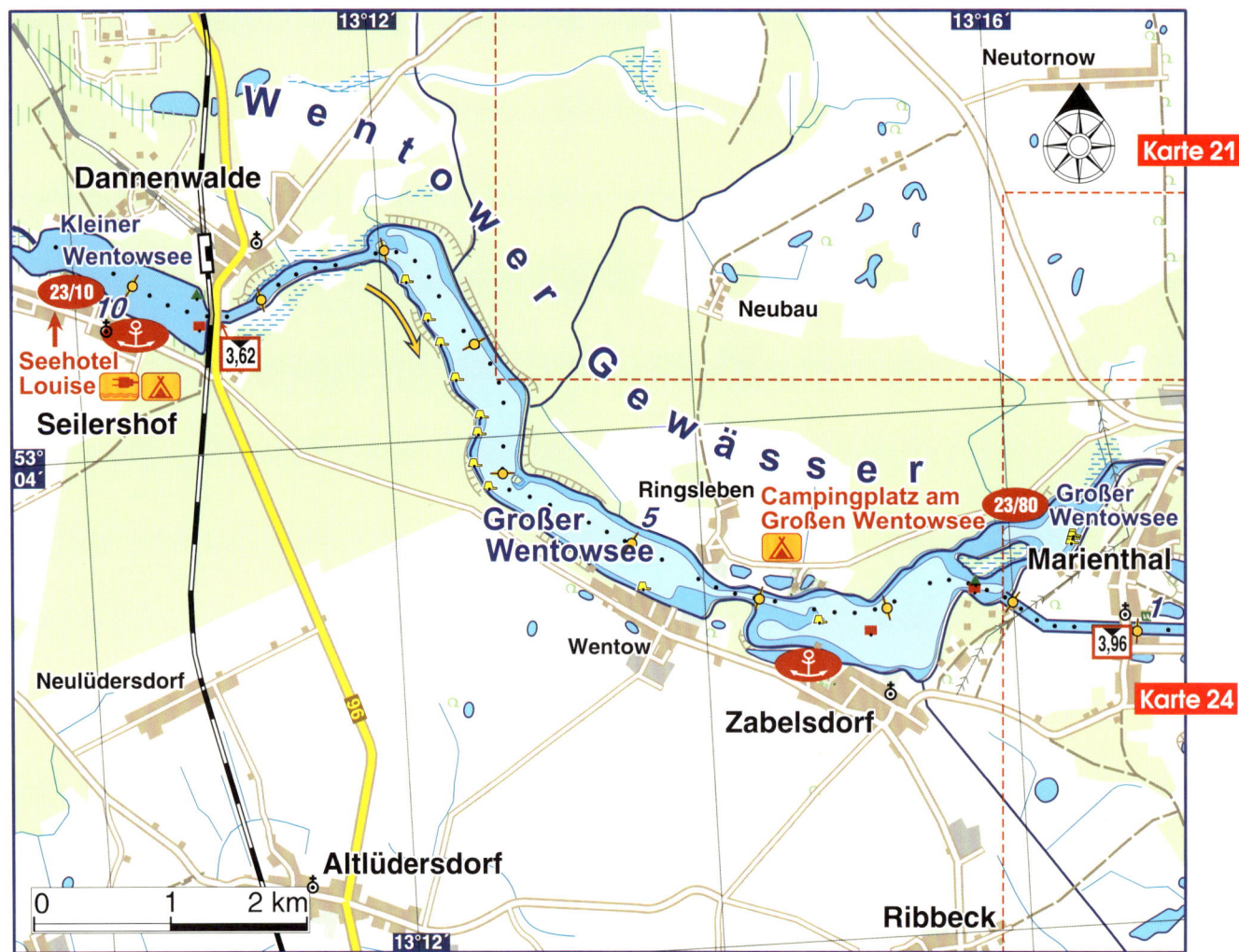

Wassersport und Umwelt

Die mecklenburgischen und märkischen Binnengewässer sind von einer einzigartigen Schönheit und weitgehend naturbelassen. Jeder Bootfahrer sollte dafür Sorge tragen, dass das Element, auf dem er seine Freizeit verbringt, sauber bleibt. Nur wenn wir alle unseren Beitrag leisten, können wir uns und unseren Kindern dieses Urlauberlebnis erhalten. Tragen auch Sie als Skipper und Crewmitglied dazu bei, die Anstrengungen der Kommunen, der Industrie und der Vercharterer um den Gewässer- und Umweltschutz zu unterstützen – helfen Sie mit, dieses Revier in seiner Einzigartigkeit zu bewahren!

Bitte beachten Sie stets die folgenden Grundregeln:

✿ Fahren Sie nicht zu schnell. Je dichter Sie dem Ufer sind, umso langsamer sollten Sie fahren. Passen Sie Ihr Tempo auch dem Uferbewuchs an, um bereits geschwächte Schilfhalme nicht loszureißen oder umzuknicken. Vermeiden Sie Wellenschlag.

✿ Fahren Sie nicht in bewachsene Uferbereiche, Schilfgürtel, Ufergehölze und in alle sonstigen dicht und unübersichtlich bewachsenen Uferpartien, da diese sehr schnell zerstört werden.

✿ Vermeiden Sie das Überfahren flacher Gewässerpartien mit oft einzigartigen Wasserpflanzen und meiden Sie darüber hinaus Kies-, Sand- und Schlammbänke

(Rast- und Aufenthaltsplatz von Vögeln) sowie seichte Gewässer (Laichgebiete). Fahren Sie im eigenen Interesse nicht in Seerosenfelder, um Schäden am Bootsantrieb zu vermeiden.

✿ Nähern Sie sich auch von Land her nicht Schilfgürteln oder anderer Vegetation.

✿ Der Abstand zum Schilf und anderen unübersichtlich bewachsenen Uferbereichen sollte jederzeit mindestens 30 bis 50 Meter betragen. Viele Wassertiere haben eine große Fluchtdistanz und wären ansonsten ständig auf der Flucht. In kanalisierten Bereichen oder Flüssen muss ein Mindestabstand von zwei Metern eingehalten werden. Darüber hinaus sind die in den Karten verzeichneten Einschränkungen strikt einzuhalten.

✿ Suchen Sie befestigte Anlegemöglichkeiten oder ankern Sie an Stellen, an denen sichtbar kein Schaden angerichtet werden kann.

✿ Befahren Sie niemals Gewässer, die als Naturschutzgebiete ausgewiesen sind. Es sind oft die letzten Zufluchtsorte seltener Tier- und Pflanzenarten, die hier ungestört bleiben sollen und müssen.

✿ Fotografieren und beobachten Sie Tiere aus der Ferne – der naturverbundene Wassersportler sollte immer ein Fernglas dabei haben.

✿ Halten Sie die Gewässer sauber. Verhin-

dern Sie auf jeden Fall das Einleiten von Treibstoffen und Ölen ins Gewässer – ein Liter Öl kann bereits eine Million Liter Wasser verunreinigen!

✿ Beachten Sie, dass gerade Seen durch ihre geringe Frischwasserzufuhr sehr empfindliche Ökosysteme sind. Die Fließgeschwindigkeit der Verbindungsflüsse ist zu gering, als dass eine Reinigung aus eigener Kraft erfolgen könnte.

✿ Abfall gehört niemals über Bord, sammeln Sie ihn und entsorgen Sie ihn an einer Anlegestelle. Sorgen Sie dafür, dass alle anfallenden Abfälle wie Flaschen, Dosen, Plastikbecher und sonstige Gegenstände ordnungsgemäß durch Sie entsorgt werden. Milch oder Milchprodukte entziehen dem Wasser Sauerstoff und sind für fischreiche Gewässer besonders schädlich. Auch Küchenabfälle gehören nicht ins Wasser.

✿ Lassen Sie keine Fäkalien ins Wasser gelangen. Entsorgen Sie den Inhalt Ihres Bord-Fäkalientanks ausschließlich an einer der aufgeführten Absaugstationen. Benutzen Sie für Chemietoiletten nur nicht-bakteriozid-wirkende Sanitärzusätze.

✿ Lassen Sie beim Stillliegen sowie beim Schleusen den Motor Ihres Bootes nicht unnötig laufen, um die Umwelt nicht zusätzlich durch Lärm oder Abgase zu belasten.

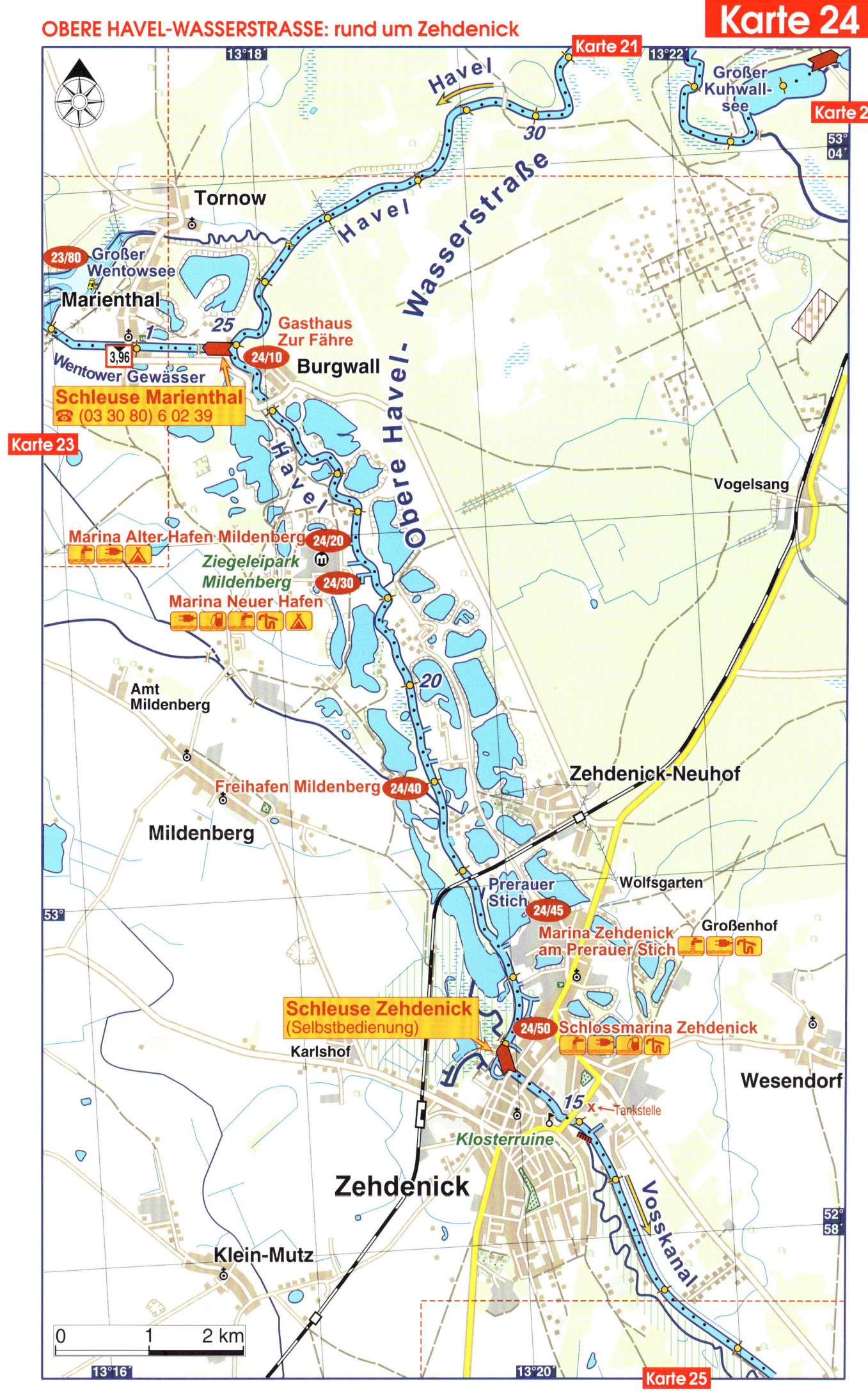

Karte 21

Karte 22

Havel

Großer Kuhwall-see

53° 04'

30

Tornow

13°18'

13°22'

23/80

Großer Wentowsee

Marienthal

25

1

3,96

Wentower Gewässer

Gasthaus Zur Fähre

24/10

Burgwall

Schleuse Marienthal
☎ (03 30 80) 6 02 39

Karte 23

Havel

Vogelsang

Obere Havel- Wasserstraße

Marina Alter Hafen Mildenberg

Ziegeleipark Mildenberg Ⓜ

24/20

24/30

Marina Neuer Hafen

Amt Mildenberg

20

Zehdenick-Neuhof

Freihafen Mildenberg 24/40

Wolfsgarten

Mildenberg

Prerauer Stich

24/45

Großenhof

Marina Zehdenick am Prerauer Stich

53°

Schleuse Zehdenick
(Selbstbedienung)

Karlshof

24/50 **Schlossmarina Zehdenick**

Wesendorf

15

x ← Tankstelle

Klosterruine

Vosskanal

Zehdenick

52° 58'

Klein-Mutz

0   1   2 km

13°16'

13°20'

Karte 25

13°20'
Karte 24
13°26'

Krewelin

10

Schnelle Havel

52° 56'

Lamprechtswalde

Höpen

Obere Havel- Wasserstraße

Fichtenbühle

52° 54'

5

Schleuse Bischofswerder
(Selbstbedienung)

Bischofswerder

Vosskanal

Liebenwalde

167

Stadthafen Liebenwalde

25/40

52° 52'

4,15

0,0

Langer Trödel

2

4,10

52° 52'

**Klappbrücke
L21 Liebenwalde**

Durchfahrtshöhe
geschlossen 1,5

Malzer Kanal

**Einbahnverkehr, für
Passagezeiten bitte die
Hinweise an der Wartestelle
der Klappbrücke beachten**

Neuholland

Schnelle Havel

Schleuse Liebenwalde
(Selbstbedienung)

5,10

Havel-Oder-Dreieck

40

Oder-Havel-Kanal

Karte 26

0   1   2 km

13°20'
Karte 30

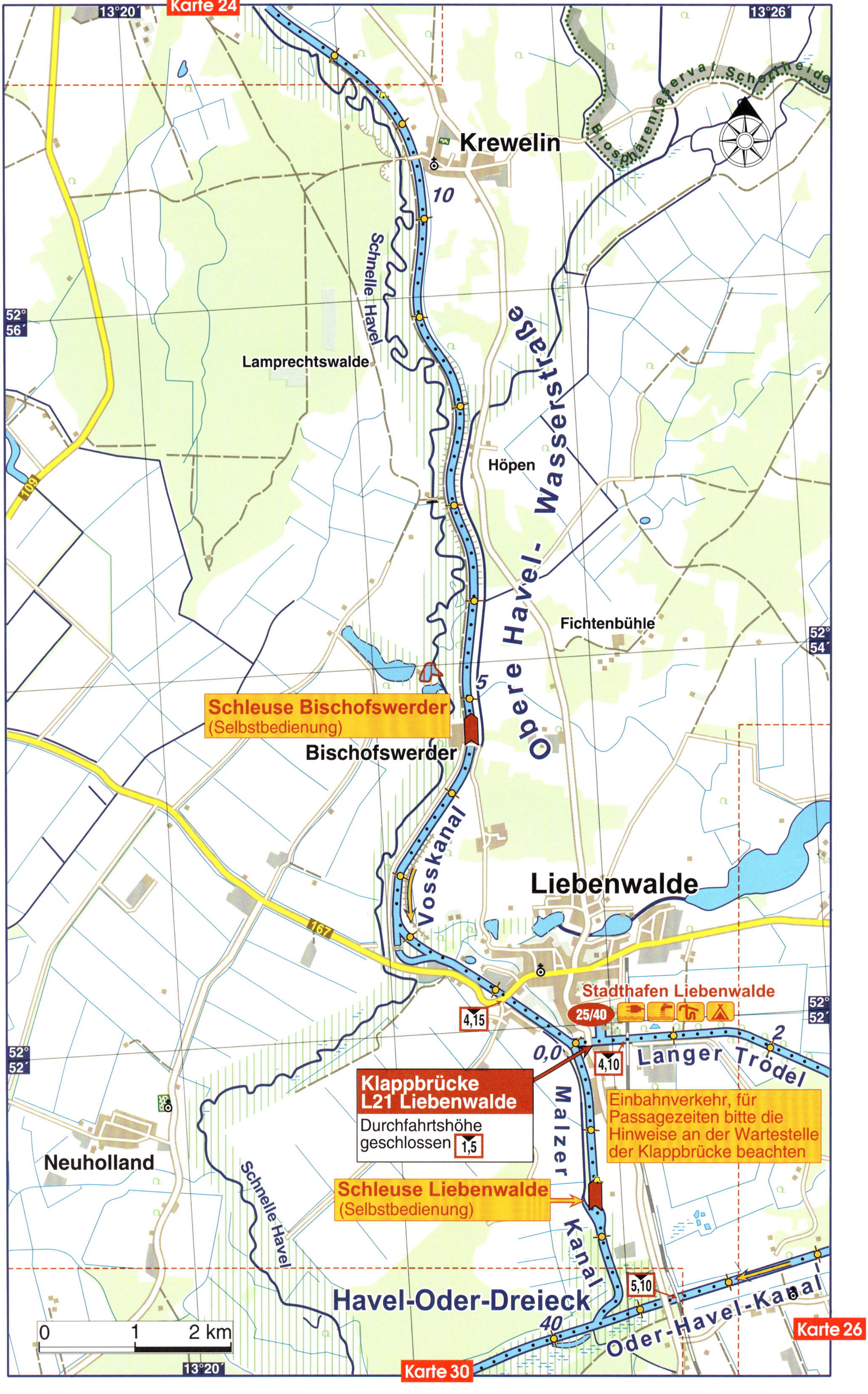

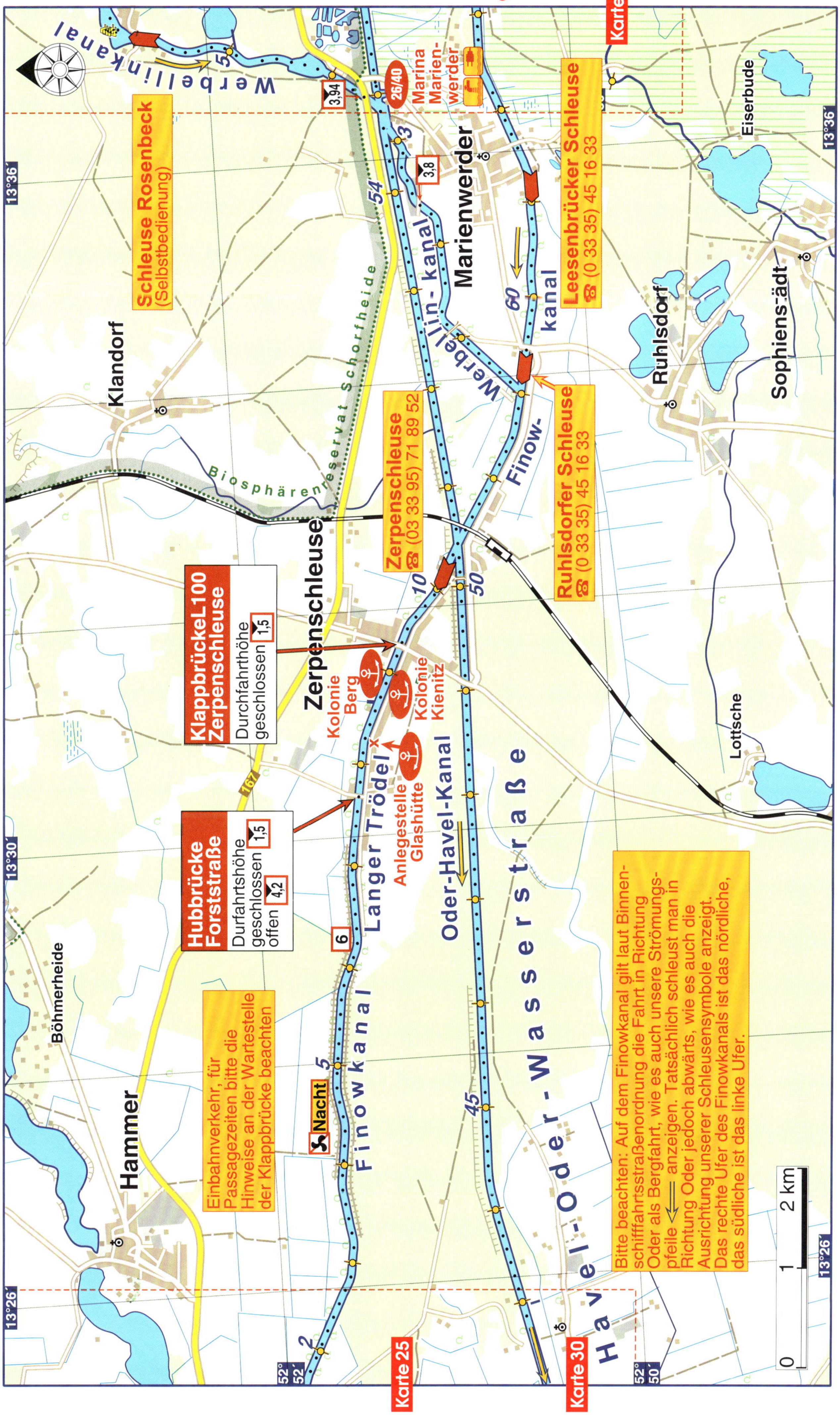

Karte 27

Werbellinkanal

Schleuse Rosenbeck
(Selbstbedienung)

3,94

26/40

Marina Marien-werder

Marienwerder

Werbellin- kanal

3,8

54

Leesenbrücker Schleuse
☎ (0 33 35) 45 16 33

60

Finow- kanal

Klandorf

Finow-

Ruhlsdorf

Sophiens-ädt.

Eiserbude

Biosphärenreservat Schorfheide

Zerpenschleuse
☎ (0 33 95) 71 89 52

Ruhlsdorfer Schleuse
☎ (0 33 35) 45 16 33

KlappbrückeL100 Zerpenschleuse
Durchfahrthöhe geschlossen ▶1,5

10

50

Zerpenschleuse

Kolonie Berg

Kolonie Kienitz

Lottsche

Hubbrücke Forststraße
Durfahrtshöhe geschlossen 1,5
offen 4,2

Anlegestelle Glashütte

Langer Trödel

Oder-Havel-Kanal

167

6

Nacht

Böhmerheide

Finowkanal

5

45

Hammer

Einbahnverkehr, für Passagezeiten bitte die Hinweise an der Wartestelle der Klappbrücke beachten

Havel-Oder-Wasserstraße

Bitte beachten: Auf dem Finowkanal gilt laut Binnen-schifffahrtsstraßenordnung die Fahrt in Richtung Oder als Bergfahrt, wie es auch unsere Strömungs-pfeile anzeigen. Tatsächlich schleust man in Richtung Oder jedoch abwärts, wie es auch die Ausrichtung unserer Schleusensymbole anzeigt. Das rechte Ufer des Finowkanals ist das nördliche, das südliche ist das linke Ufer.

0 1 2 km

Karte 25

Karte 30

2

13°44′

Marina Werbellinsee

27/10

19

Werbellinsee

Nacht

siehe links

13°42′

Nacht

52° 56′

Waldhof

Schloss Hubertusstock

Altenhof

27/20

Marina Altenhof

Nacht

Werbellinsee

Wildau

Café Wildau

27/40

10

Werbelliner Gewässer

52° 54′

6

Schleuse Eichhorst
(Selbstbedienung)

Werbellin

Buckow

Eichhorst

Im Sommer bei Wassermangel eventuell keine Schleusung nach Bedarf möglich.

Rosenbeck

Schleuse Rosenbeck
(Selbstbedienung)

Karlshöhe

Clara-Zetkin-Siedlung

52° 52′

A 11

Biosphärenreservat Schorfheide

Werbellinkanal

5

Oder-Havel-Kanal

3,94

60

Finowfurt

Schleuse Schöpfurt
☎ (0 33 35) 45 16 33

Wasserwander-rastplatz
Messingwerkhafen

28/10

Karte 28

Havel-Oder-Wasserstraße

26/40

167

6

65

6

70

Marina Marien-werder

Finowkanal

Hubertusmühle

Schleuse Heegermühle
☎ (0 33 35) 45 16 33

167

Grafenbrück

Grafenbrücker Schleuse
☎ (0 33 35) 45 16 33

Karte 26

52° 50′

13°38′

13°42′

0 1 2 km

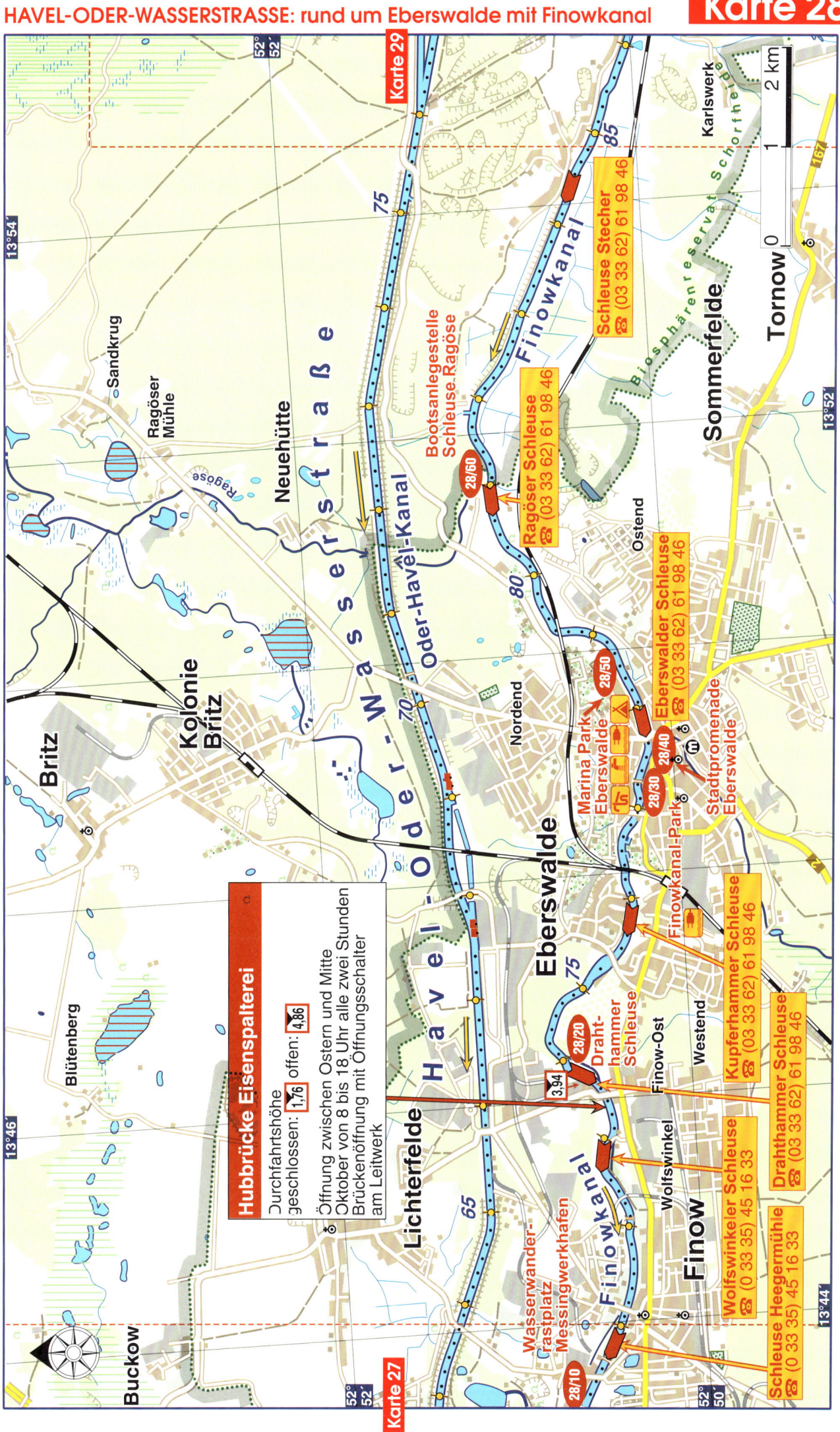

Karte 29

Karte 27

2 km

1

0

Sandkrug

Ragöser Mühle

Neuehütte

Ragöse

Britz

Kolonie Britz

Blütenberg

Buckow

Lichterfelde

W a s s e r s t r a ß e

O d e r -

H a v e l -

Oder-Havel-Kanal

75

80

85

70

75

65

Finowkanal

Finowkanal

Biosphärenreservat Schorfheide

Karlswerk

Sommerfelde

Tornow

164

Schleuse Stecher ☎ (03 33 62) 61 98 46

Ragöser Schleuse ☎ (03 33 62) 61 98 46

Bootsanlegestelle Schleuse Ragöse

28/60

Eberswalder Schleuse ☎ (03 33 62) 61 98 46

28/50

28/40

28/30

Marina Park Eberswalde

Nordend

Ostend

Eberswalde

Stadtpromenade Eberswalde

Finowkanal-Park

Finow-Ost

Westend

Finow

Wolfswinkel

Kupferhammer Schleuse ☎ (03 33 62) 61 98 46

Drahthammer Schleuse ☎ (03 33 62) 61 98 46

Wolfswinkler Schleuse ☎ (03 33 35) 45 16 33

Schleuse Heegermühle ☎ (03 33 35) 45 16 33

28/10

28/20 Draht- hammer Schleuse

3,94

Wasserwander- rastplatz Messingwerkhafen

Hubbrücke Eisenspalterei

Durchfahrtshöhe geschlossen: 1,76 offen: 4,86

Öffnung zwischen Ostern und Mitte Oktober von 8 bis 18 Uhr alle zwei Stunden Brückenöffnung mit Öffnungsschalter am Leitwerk

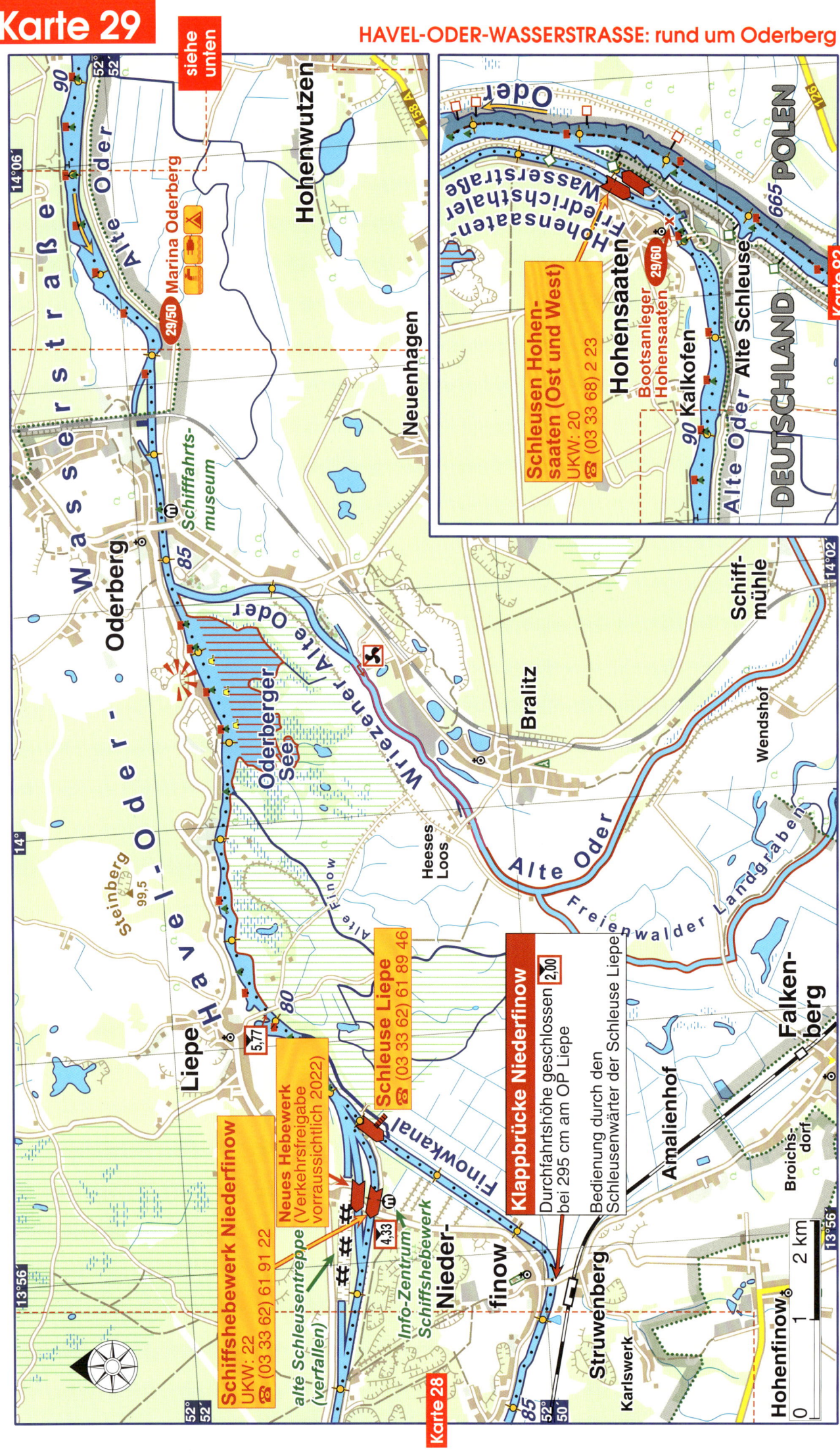

siehe unten

14°06'

90

52°

Alte Oder

Hohenwutzen

158 ▲

Marina Oderberg

29/50

Neuenhagen

Schifffahrts-museum

85

Oderberg

Oderberger See

Wriezener Alte Oder

Alte Finow

Wasserstraße

steinberg

99,5

Havel-Oder-

Liepe

5,77

80

Neues Hebewerk
(Verkehrsfreigabe
vorraussichtlich 2022)

Schiffshebewerk Niederfinow
UKW: 22
☎ (03 33 62) 61 91 22

alte Schleusentreppe
(verfallen)

Info-Zentrum
Schiffshebewerk

4,33

Schleuse Liepe
☎ (03 33 62) 61 89 46

Finowkanal

Nieder-finow

Klappbrücke Niederfinow
2,00
Durchfahrtshöhe geschlossen
bei 295 cm am OP Liepe

Bedienung durch den
Schleusenwärter der Schleuse Liepe

Bralitz

Heeses
Loos

Alte Oder

Freienwalder Landgräben

Schiff-mühle

Wendshof

Falken-berg

Amalienhof

Broichs-dorf

Struwenberg

Karlswerk

Hohenfinow

85

52°

50

13°56'

114°02'

13°56'

0   1   2 km

Schleusen Hohen-saaten (Ost und West)
UKW: 20
☎ (03 33 68) 2 23

Oder

Hohensaaten-Friedrichsthaler Wasserstraße

29/60

Hohensaaten

Bootsanleger
Hohensaaten

90 Kalkofen

Alte Oder Alte Schleuse

665

DEUTSCHLAND

POLEN

126

Karte 92

Karte 28

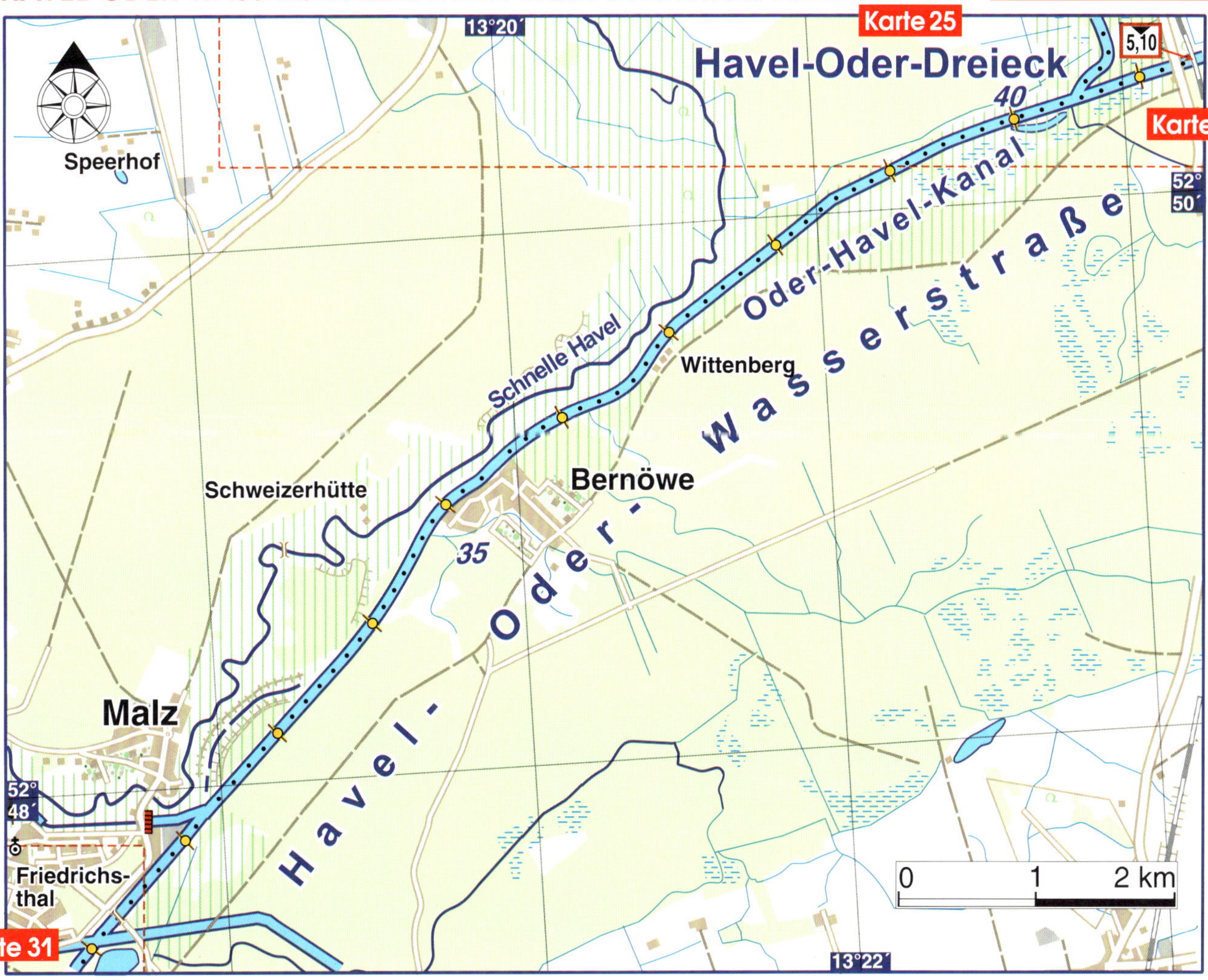

Karte 25

Karte 26

Havel-Oder-Dreieck

Speerhof

Oder-Havel-Kanal

Schnelle Havel

Wittenberg

Schweizerhütte

Bernöwe

Havel-Oder-Wasserstraße

Malz

Friedrichs-thal

Karte 31

0   1   2 km

Sicherheit auf dem Wasser

Die Sicherheit von Boot und Besatzung sollte bei allen Fahrten und Manövern oberste Priorität haben. Wie an Land im Straßenverkehr gilt auch für das Verhalten auf dem Wasser das Gebot von Vorsicht und gegenseitiger Rücksichtnahme.

Auf einige Punkte möchten wir speziell hinweisen:

- Schätzen Sie Ihre eigenen Kenntnisse und Fähigkeiten kritisch ein. Ein guter Skipper wird man erst durch Erfahrung.
- Rettungsmittel, die Sie an Bord haben sollten: Rettungswesten, Erste-Hilfe-Kasten, Notsignale, Feuerlöscher, Mittel zum Lenzen (Ösfass, Eimer, Pumpe)
- Kinder und Nichtschwimmer haben an Bord grundsätzlich eine Rettungsweste zu tragen, es sei denn sie befinden sich unter Deck. Bei Wellengang, Nacht oder unsichtigem Wetter (Regen, Nebel) sollten alle Personen an Bord Rettungswesten tragen.
- Der Genuss von Alkohol und das sichere Führen eines Sportbootes passen nicht zusammen. Auch auf dem Wasser gibt es eine Promillegrenze: 0,5 Promille wie an Land.
- Halten Sie stets gehörig Ausguck.
- Passen Sie Ihre Geschwindigkeit den Verkehrs- und den Sichtverhältnissen an.
- Bei An- und Ablegemanövern gehören Kinder, die nicht helfen können, möglichst unter Deck. Kleine Kinder sollten mit einer Sicherheitsleine so festgebunden

werden, dass sie zwar Bewegungsfreiheit haben, aber nicht über Bord fallen können. Bei Törns mit Kindern unter sechs Jahren sollten sich grundsätzlich nie mehr Kinder als Erwachsene an Bord befinden.
- Verlassen Sie nie einen sicheren Liegeplatz bei Nebel. Werden Sie von Nebel oder schlechter Sicht überrascht, verlassen Sie umgehend die Fahrrinne oder den Schifffahrtsweg. Achten Sie auf Schallsignale.
- Beachten Sie Tempolimits. Geschwindigkeitsbegrenzungen, die vor Ort durch Tafeln oder ähnliches angezeigt werden, sind zu beachten, auch wenn grundsätzlich eine andere Geschwindigkeit gilt.
- Überholen Sie andere Fahrzeuge nur, wenn es ohne Gefährdung oder Behinderung von Personen oder Fahrzeugen möglich ist – grundsätzlich auf der der Fahrrinne oder dem freien Wasser zugewandten Seite.
- Halten Sie immer ausreichend Abstand und nehmen Sie besondere Rücksicht auf die Schwächeren wie Schwimmer, Ruderer, Kanuten, Segelsurfer und Angler.
- Helfen Sie anderen Wassersportlern bei Bedarf. Auch Sie könnten einmal auf die Hilfe anderer angewiesen sein.

NOTSIGNALE

Notsignale dürfen nur gegeben werden, wenn Gefahr für Leib oder Leben der Menschen an Bord besteht und daher Hilfe notwendig ist.

Auf Binnenschifffahrtsstraßen sind folgende Signale üblich:
- tags: rote Flagge oder Gegenstand im Kreis schwenken
- nachts: ein Licht im Kreis schwenken
- Schallsignale: wiederholt lange Töne (ein langer Ton dauert etwa 4 Sekunden) oder Glockenschläge

Außerdem können Sie Leuchtraketen abfeuern:
- Leuchtraketen nur abfeuern, wenn die Möglichkeit besteht, dass sie auch gesehen werden (schlechtes Wetter verringert die Sichtweite)
- Nicht den gesamten Vorrat auf einmal verschießen, sondern immer in Zweiergruppen mit einer dazwischen liegenden Pause, damit der Beobachter nicht getäuscht wird.

Wenn Sie Notsignale gegeben haben, eine Notlage aber nicht mehr besteht, informieren Sie bitte sofort (möglichst per Funk oder Telefon) den nächstgelegenen Hafen und die nächste Dienststelle der Wasserschutzpolizei (siehe Adressen auf Seite VIII).

Zum Thema Sicherheit auf dem Wasser hat das Bundesministerium für Verkehr und digitale Infrastruktur für Wassersportler eine Broschüre herausgebracht.
Sie finden die Broschüre als pdf zum Herunterladen auf der Webseite des Bundesministeriums für Verkehr und Digitale Infrastruktur (bmvi.de) bei den „Publikationen" unter dem Suchbegriff „Sicherheit auf dem Wasser". Dort oder über den Bürgerservice unter Telefon (0 30) 18 300 3060 und E-Mail buergerinfo@bmvi.bund.de kann die Broschüre auch in Papierform bestellt werden.

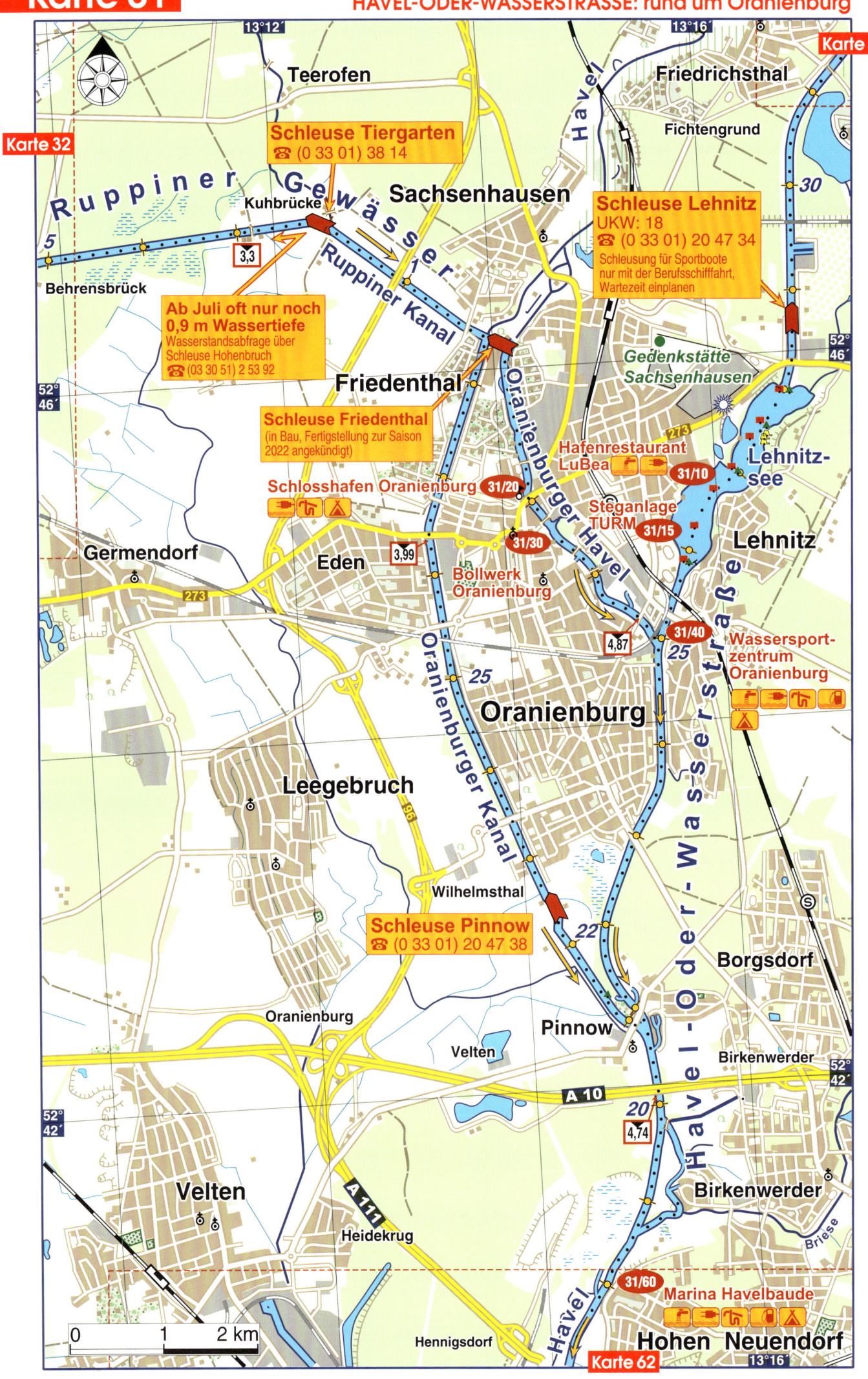

Karte 30

Karte 32

Teerofen

Friedrichsthal

Fichtengrund

Sachsenhausen

Schleuse Tiergarten
☎ (0 33 01) 38 14

Kuhbrücke

Schleuse Lehnitz
UKW: 18
☎ (0 33 01) 20 47 34
Schleusung für Sportboote
nur mit der Berufsschifffahrt,
Wartezeit einplanen

Ruppiner Gewässer

5

Behrensbrück

3,3

Ruppiner Kanal

1

52° 46'

**Ab Juli oft nur noch
0,9 m Wassertiefe**
Wasserstandsabfrage über
Schleuse Hohenbruch
☎ (03 30 51) 2 53 92

Gedenkstätte
Sachsenhausen

52° 46'

Friedenthal

Schleuse Friedenthal
(in Bau, Fertigstellung zur Saison
2022 angekündigt)

Oranienburger Havel

Lehnitz-see

Schlosshafen Oranienburg

31/20

**Hafenrestaurant
LuBea**

31/10

**Steganlage
TURM**

31/15

Lehnitz

Germendorf

Eden

3,99

31/30

**Bollwerk
Oranienburg**

273

4,87

31/40

**Wassersport-
zentrum
Oranienburg**

25

Oranienburger Kanal

25

Oranienburg

Leegebruch

196

Wilhelmsthal

Schleuse Pinnow
☎ (0 33 01) 20 47 38

22

Borgsdorf

Oranienburg

Velten

Pinnow

Birkenwerder

Havel-Oder-Wasserstraße

52° 42'

A 10

20

4,74

52° 42'

Velten

A 111

Birkenwerder

Heidekrug

Briese

31/60

Marina Havelbaude

0   1   2 km

Hennigsdorf

13°16'

Hohen Neuendorf

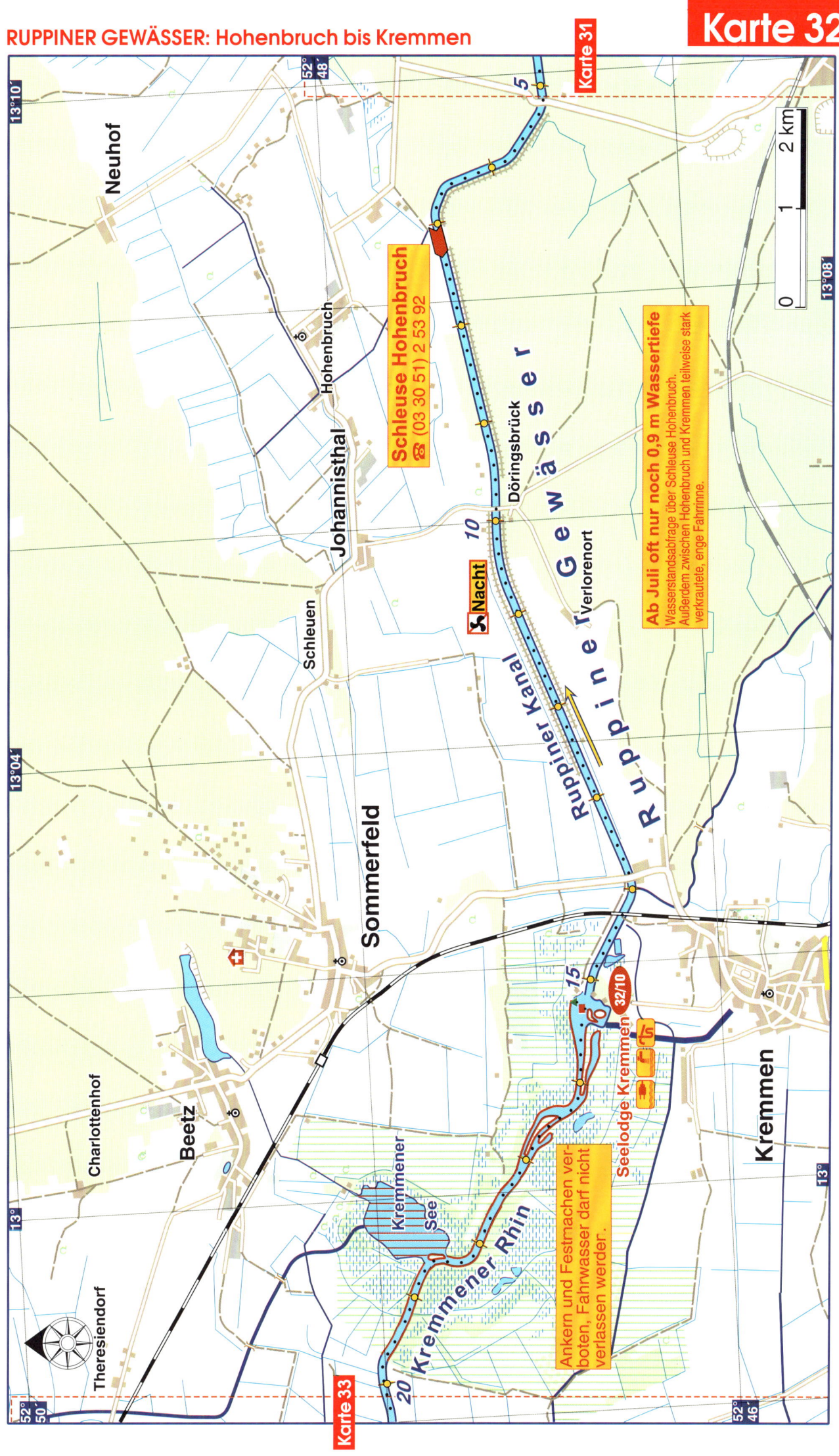

Karte 31

Schleuse Hohenbruch
☎ (03 30 51) 2 53 92

Ab Juli oft nur noch 0,9 m Wassertiefe
Wasserstandsabfrage über Schleuse Hohenbruch.
Außerdem zwischen Hohenbruch und Kremmen teilweise stark
verkrautete, enge Fahrrinne.

Neuhof

Hohenbruch

Johannisthal

Schleuen

Döringsbrück

Nacht

Ruppiner Kanal

Ruppiner Gewässer

Verlorenort

Sommerfeld

Charlottenhof

Beetz

Theresiendorf

32/10

Seelodge Kremmen

**Ankern und Festmachen ver-
boten, Fahrwasser darf nicht
verlassen werden.**

Kremmener See

Kremmener Rhin

Kremmen

Karte 33

2 km

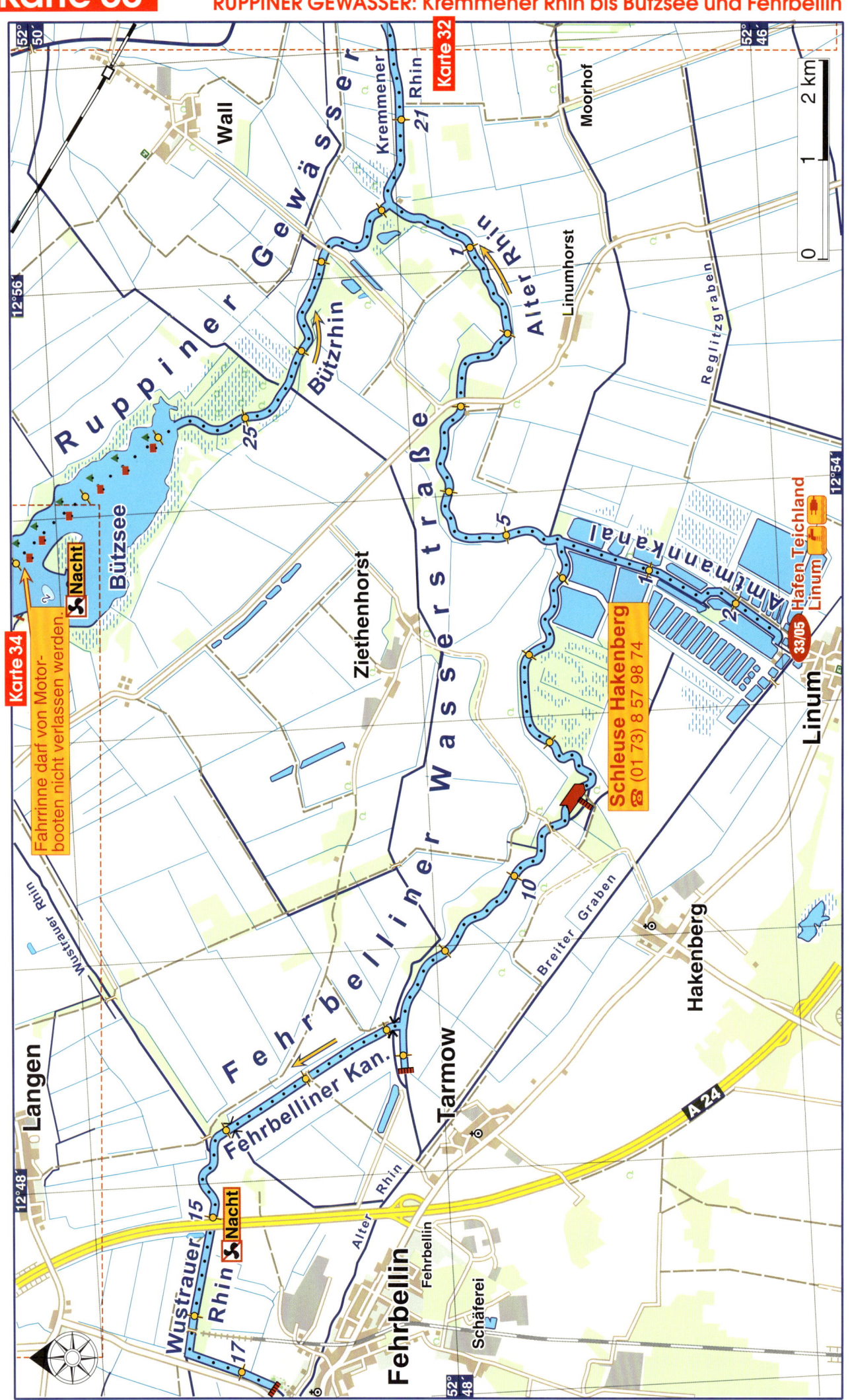

2 km

1

0

Karte 32

Wall

Moorhof

Kremmener Rhin

21

Alter Rhin

Linumhorst

1

Bützrhin

Reglitzgraben

Ruppiner Gewässer

25

Bützsee

Nacht

Amtmannkanal

1

2

Hafen Teichland Linum

33/05

Ziethenhorst

Fehrbelliner Wasserstraße

Karte 34

Fahrrinne darf von Motorbooten nicht verlassen werden.

Schleuse Hakenberg ☎ (01 73) 8 57 98 74

5

Linum

10

Breiter Graben

Hakenberg

A 24

Wustrauer Rhin

Langen

Fehrbelliner Kan.

Tarmow

15

Nacht

Wustrauer Rhin

17

Alter Rhin

Fehrbellin

Schäferei

Fehrbellin

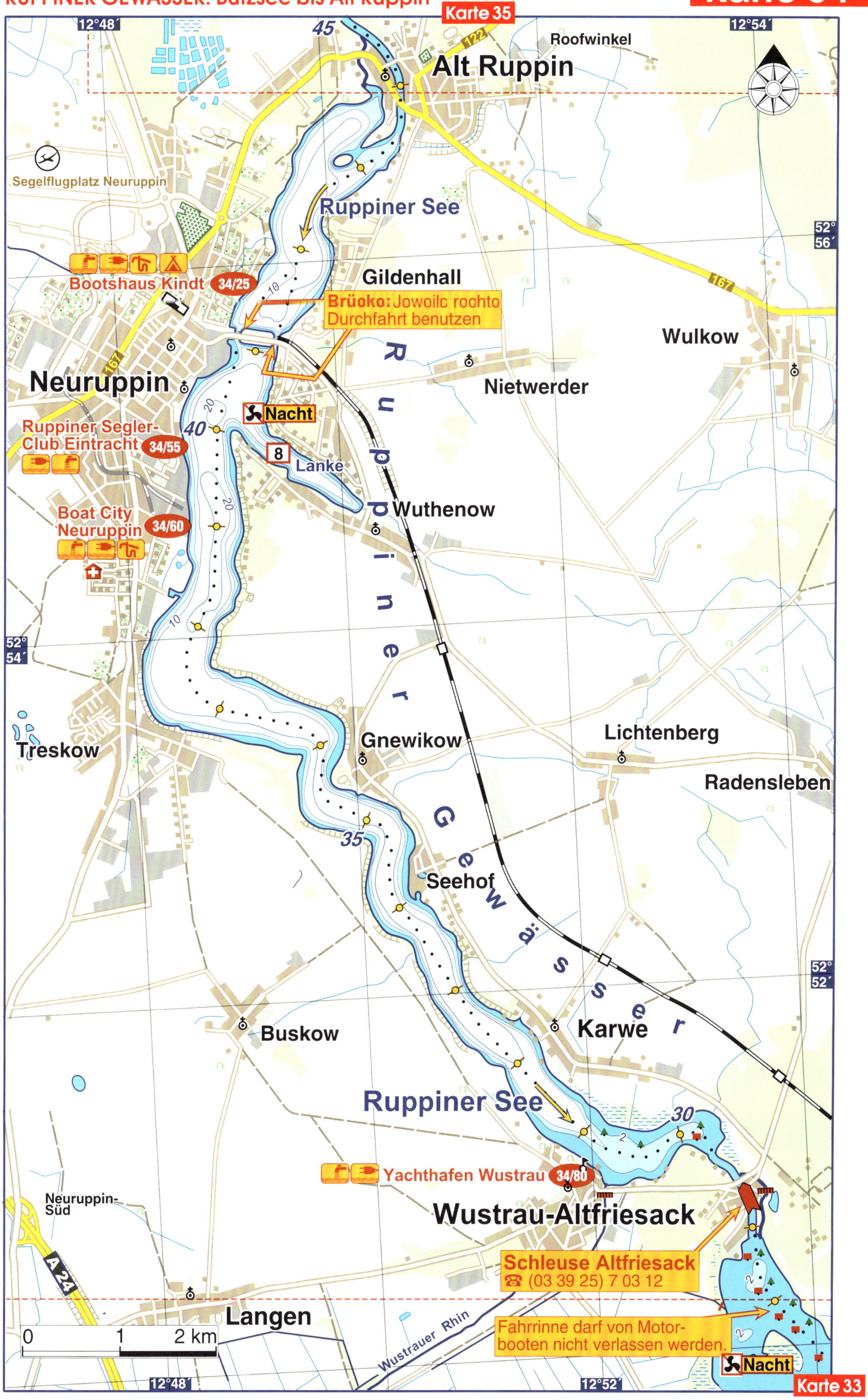

Karte 35

45

Alt Ruppin

Roofwinkel

122

167

Ruppiner See

Segelflugplatz Neuruppin

Gildenhall

Wulkow

Brücke: Jeweils rechte Durchfahrt benutzen

34/25

10

Bootshaus Kindt

Nietwerder

R

Neuruppin

20

u

Nacht

40

8 Lanke

p

Ruppiner Segler-Club Eintracht 34/55

20

Wuthenow

p

Boat City Neuruppin 34/60

i

10

n

Lichtenberg

e

Treskow

r

Radensleben

Gnewikow

G

e

35

w

Seehof

ä

s

Buskow

Karwe

s

e

Ruppiner See *30*

r

2

Yachthafen Wustrau 34/80

Neuruppin-Süd

Wustrau-Altfriesack

Schleuse Altfriesack
☎ (03 39 25) 7 03 12

A24

0   1   2 km

Langen

Wustrauer Rhin

Fahrrinne darf von Motor-booten nicht verlassen werden.

Nacht

12°48′   12°52′

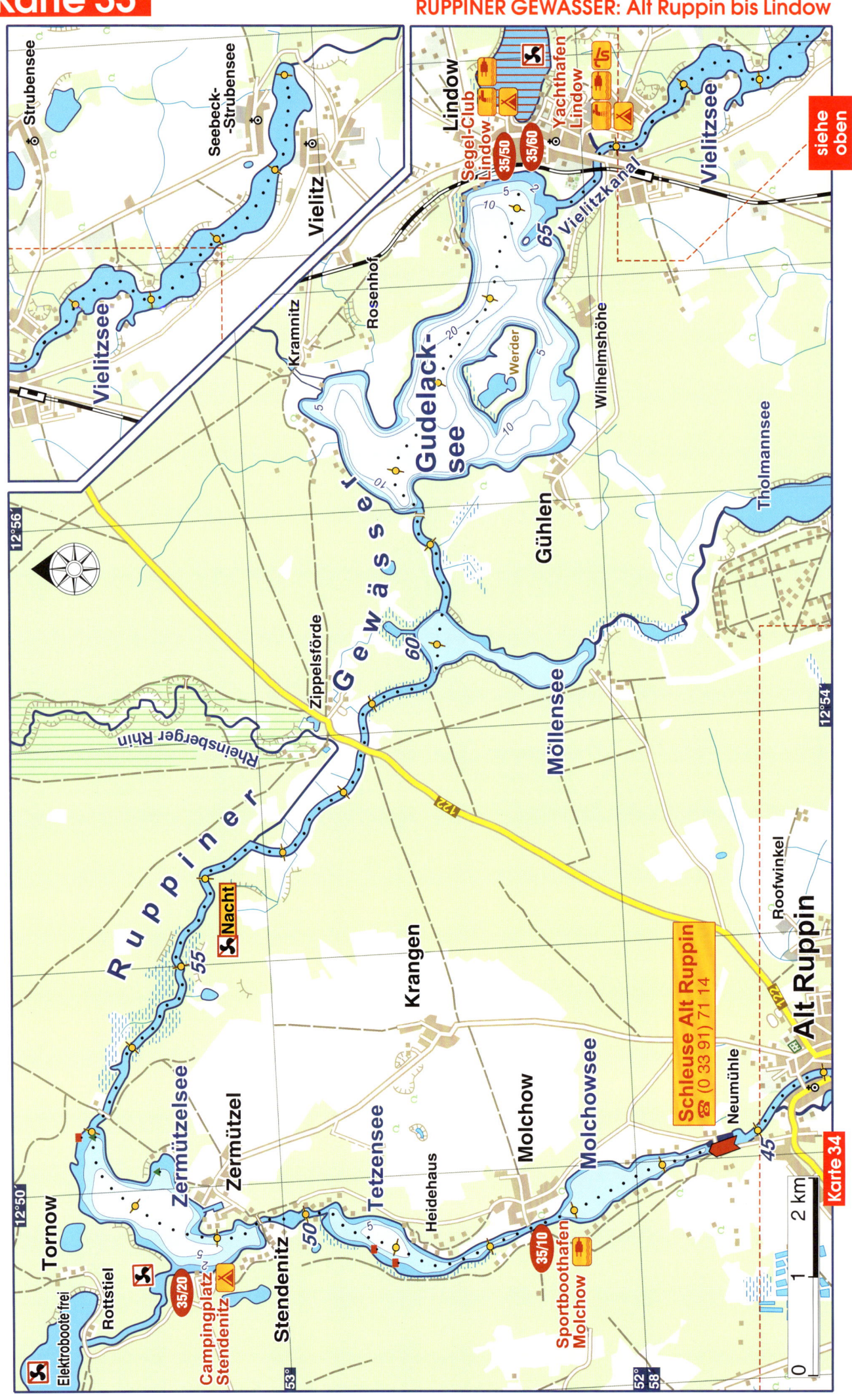

siehe oben

Strubensee

Seebeck-Strubensee

Vielitz

Vielitzsee

Vielitzsee

Lindow

Segel-Club Lindow

35/50   35/60

Yachthafen Lindow

Vielitzkanal

Vielitz

Kramnitz

Rosenhof

65

5   2

10

20

Werder

5

5

10

Gudelack-see

Wilhelmshöhe

Gühlen

Tholmannsee

12°56'

Rheinsberger Rhin

Zippelsförde

60

Möllensee

12°54'

Gewässer

Ruppiner

Nacht

55

12°50'

Tornow

Rottstiel

Elektroboote frei

35/20

Campingplatz Stendenitz

Zermützelsee

Zermützel

Stendenitz

50

5

Heidehaus

Krangen

Tetzensee

Molchow

Molchowsee

Sportboothafen Molchow

35/10

Schleuse Alt Ruppin
☎ (0 33 91) 71 14

122

Roofwinkel

Neumühle

45

Alt Ruppin

Karte 34

0   1   2 km

52°58'

53'

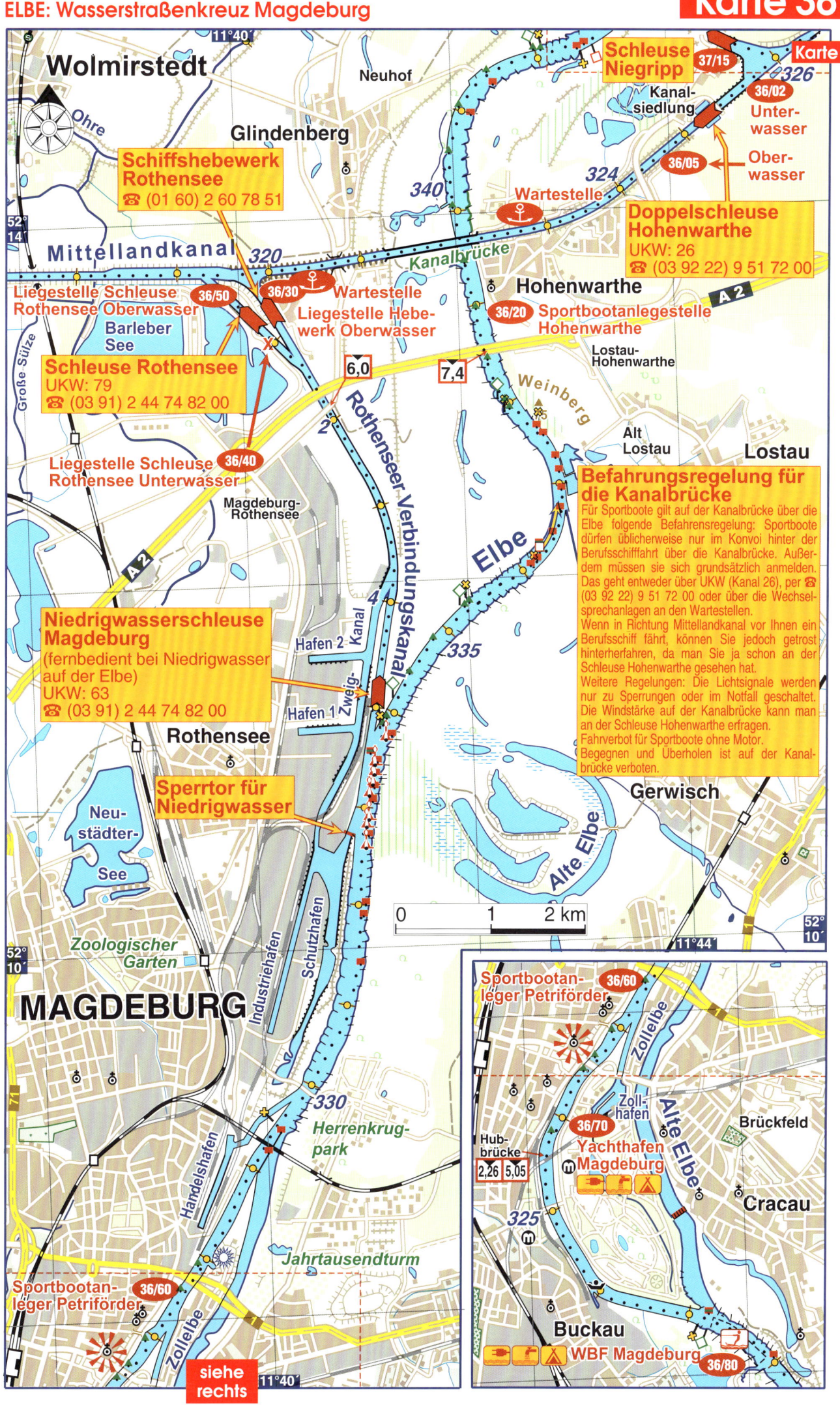

Wolmirstedt

Neuhof

Glindenberg

Schleuse Niegripp
37/15

Karte 37

326

36/02

Kanal-
siedlung

Unter-
wasser

52°
14'

Ohre

Schiffshebewerk Rothensee
☎ (01 60) 2 60 78 51

324

340

Ober-
wasser

36/05

Wartestelle

Doppelschleuse Hohenwarthe
UKW: 26
☎ (03 92 22) 9 51 72 00

A 2

Mittellandkanal

320

Kanalbrücke

Hohenwarthe

Liegestelle Schleuse Rothensee Oberwasser

36/50

36/30

Wartestelle
Liegestelle Hebe-
werk Oberwasser

36/20

Sportbootanlegestelle Hohenwarthe

Lostau-
Hohenwarthe

Barleber
See

Schleuse Rothensee
UKW: 79
☎ (03 91) 2 44 74 82 00

6,0

7,4

Weinberg

Alt
Lostau

Lostau

Große Sülze

2

Liegestelle Schleuse Rothensee Unterwasser

36/40

Rothenseer Verbindungskanal

Magdeburg-
Rothensee

Befahrungsregelung für die Kanalbrücke
Für Sportboote gilt auf der Kanalbrücke über die Elbe folgende Befahrensregelung: Sportboote dürfen üblicherweise nur im Konvoi hinter der Berufsschifffahrt über die Kanalbrücke. Außerdem müssen sie sich grundsätzlich anmelden. Das geht entweder über UKW (Kanal 26), per ☎ (03 92 22) 9 51 72 00 oder über die Wechselsprechanlagen an den Wartestellen.
Wenn in Richtung Mittellandkanal vor Ihnen ein Berufsschiff fährt, können Sie jedoch getrost hinterherfahren, da man Sie ja schon an der Schleuse Hohenwarthe gesehen hat.
Weitere Regelungen: Die Lichtsignale werden nur zu Sperrungen oder im Notfall geschaltet. Die Windstärke auf der Kanalbrücke kann man an der Schleuse Hohenwarthe erfragen.
Fahrverbot für Sportboote ohne Motor.
Begegnen und Überholen ist auf der Kanalbrücke verboten.

A 2

Elbe

335

4

Kanal

Niedrigwasserschleuse Magdeburg
(fernbedient bei Niedrigwasser auf der Elbe)
UKW: 63
☎ (03 91) 2 44 74 82 00

Hafen 2

Zweig-

Hafen 1

Rothensee

Gerwisch

Sperrtor für Niedrigwasser

Neu-
städter-
See

Alte Elbe

Zoologischer
Garten

Industriehafen

Schutzhafen

Sportbootan-leger Petriförder

36/60

Zollelbe

MAGDEBURG

71

Handelshafen

330

Herrenkrug-
park

Zoll-
hafen

36/70

Brückfeld

Hub-
brücke

2,26 5,05

Yachthafen Magdeburg

Alte Elbe

Cracau

325

0   1   2 km

Jahrtausendturm

52°
10'

11°44'

Sportbootan-leger Petriförder

36/60

Zollelbe

Buckau

WBF Magdeburg

36/80

11°40'

siehe
rechts

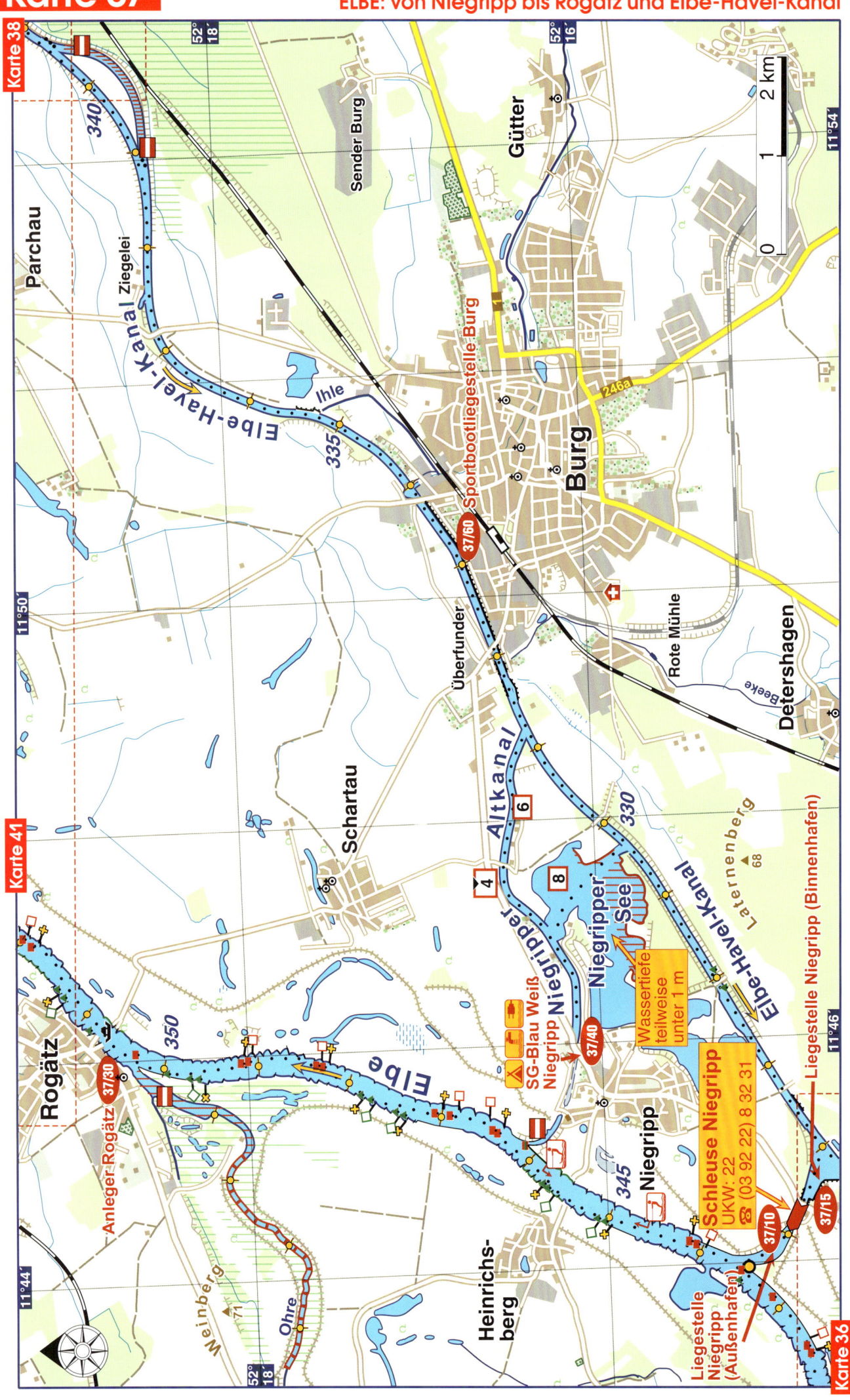

Karte 38

Karte 41

Karte 36

Parchau

Elbe-Havel-Kanal   Ziegelei

340

335

Ihle

Sender Burg

Gütter

Sportbootliegestelle Burg

Burg

246a

Rote Mühle

Detershagen

Beeke

Überfunder

Schartau

Altkanal

330

6

4

8

Niegripper See

Laternenberg

68

Elbe-Havel-Kanal

Rogätz

350

Anleger Rogätz

37/30

Elbe

Weinberg 71

Ohre

Niegripper Hafen

SG-Blau Weiß Niegripp

37/40

Wassertiefe teilweise unter 1 m

Heinrichs-berg

Niegripp

345

Schleuse Niegripp
UKW: 22
☎ (03 92 22) 8 32 31

Liegestelle Niegripp (Binnenhafen)

37/10

37/15

Liegestelle Niegripp (Außenhafen)

2 km

1

0

52° 18'

52° 16'

11° 50'

11° 54'

11° 46'

11° 24'

52° 18'

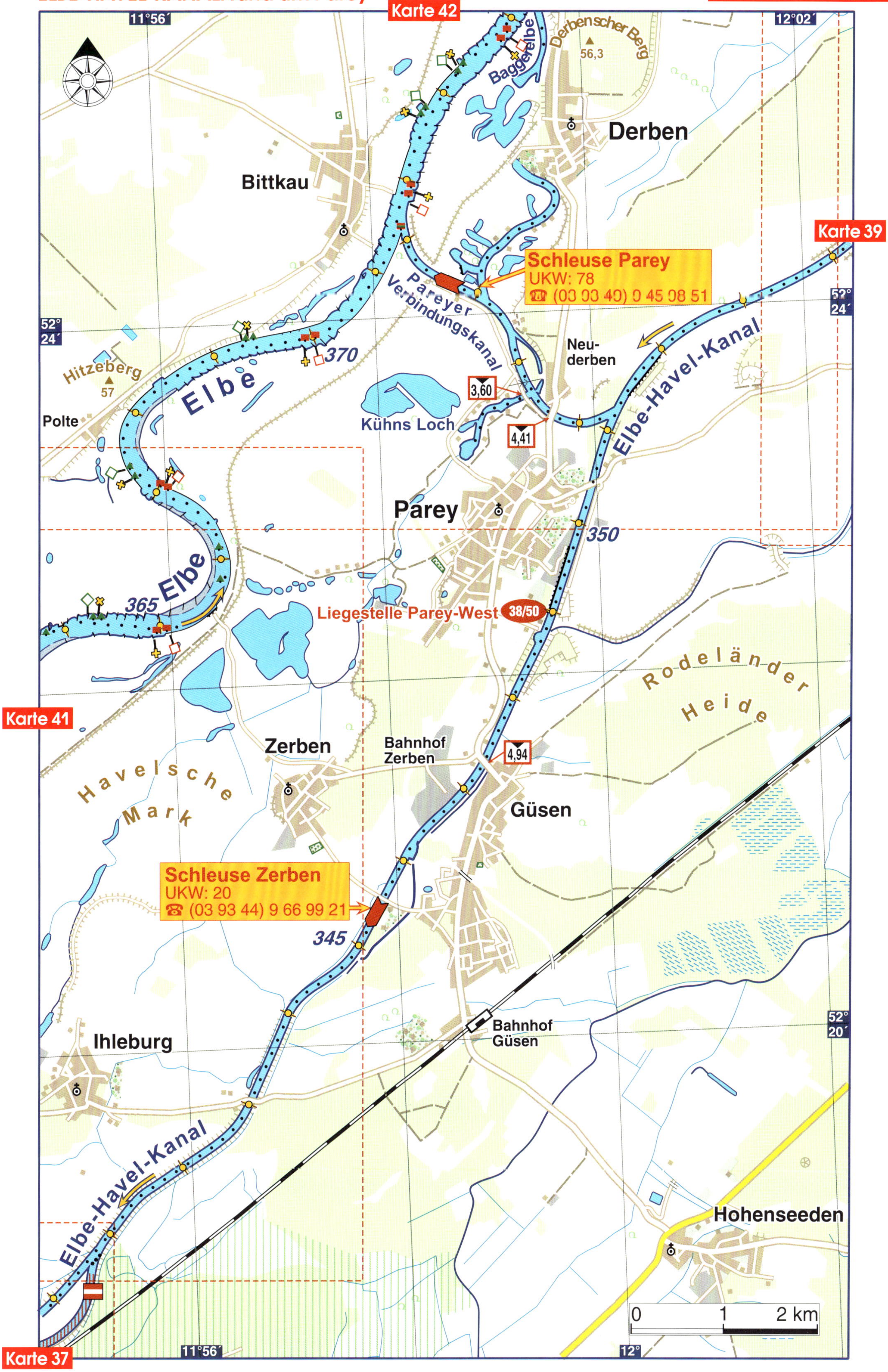

11°56'

Karte 42

Baggerelbe

Derbenscher Berg

56,3

Derben

Karte 39

12°02'

52°24'

Bittkau

Schleuse Parey
UKW: 78
☎ (03 93 40) 0 45 08 51

Pareyer Verbindungskanal

Neu-
derben

Elbe-Havel-Kanal

52°24'

Hitzeberg
57

370

3,60

Elbe

Kühns Loch

4,41

Polte

Parey

350

365 Elbe

Liegestelle Parey-West 38/50

Rodeländer Heide

Karte 41

Havelsche Mark

Zerben

Bahnhof Zerben

4,94

Güsen

Schleuse Zerben
UKW: 20
☎ (03 93 44) 9 66 99 21

345

52°20'

Ihleburg

Bahnhof Güsen

Elbe-Havel-Kanal

Hohenseeden

0   1   2 km

Karte 37

11°56'

12°

ELBE-HAVEL-KANAL: rund um Genthin

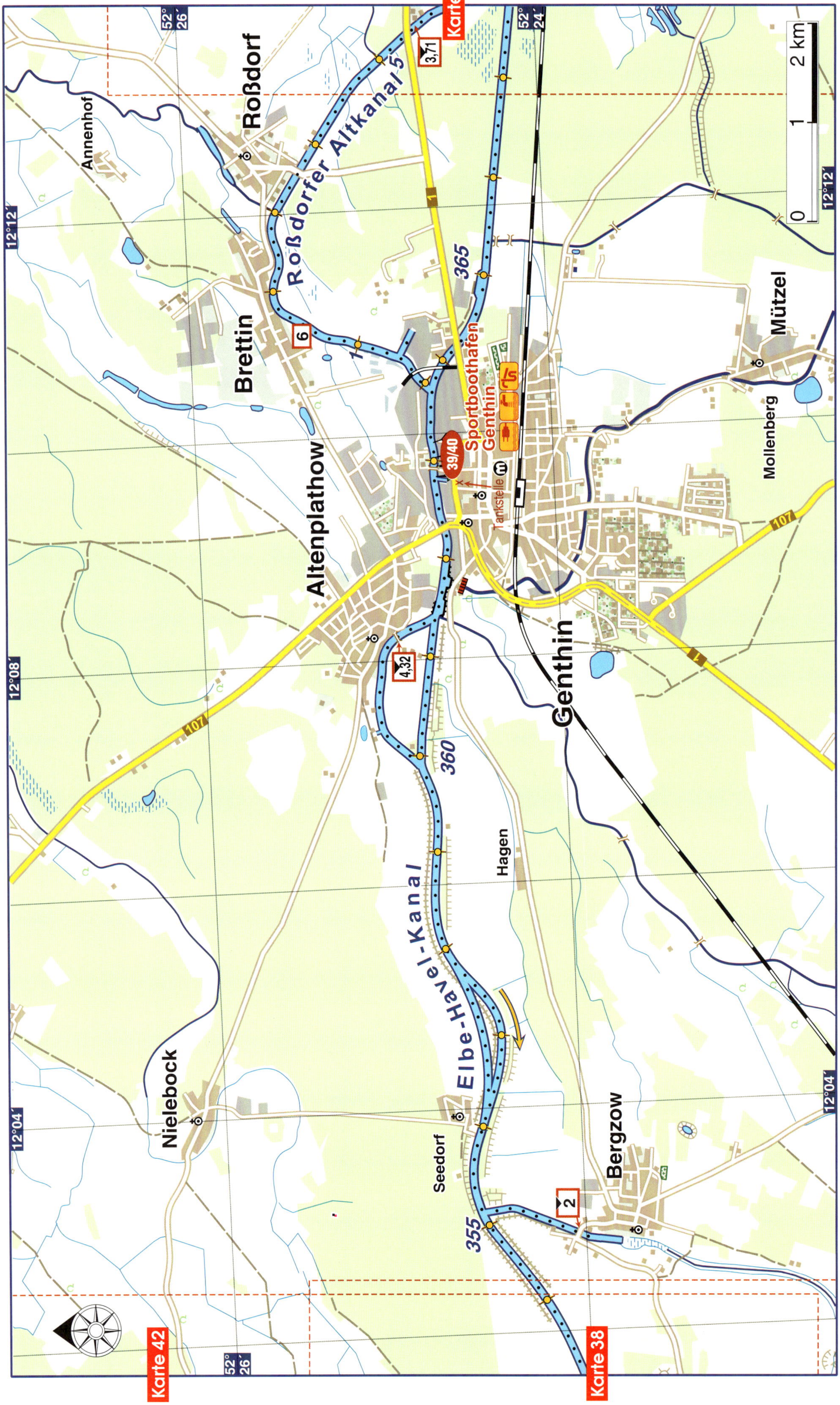
Karte 40
Karte 42
Karte 38
Roßdorf
Annenhof
Roßdorfer Altkanal 5
Brettin
Altenplathow
Sportboothafen Genthin
39/40
Tankstelle
Mützel
Mollenberg
Genthin
Hagen
Elbe-Havel-Kanal
Nielebock
Seedorf
Bergzow
365
360
355
107
1
6
2
3,71
4,32
0 1 2 km
12°12´
12°08´
12°04´
52° 26´
52° 24´

Plaue

Gartenstadt

Kirchmöser-West

Großer Wuster-witzer See

380

Wendsee

Roberdamm

Plauer Schleuse

Charlottenhof

Tiergarten

0,9

3,86

Müggen-busch

40/20

Bensdorf

Woltersdorf

Neubensdorf

Wolterdsorfer Altkanal

Siedlung Wusterwitz

Rosenthal

Wusterwitz

Bootsclub Wusterwitz

Herrenhölzer

Schleuse Wusterwitz
UKW: 18
☎ (0 33 81) 26 64 58

Warchau

375

Vehlen

Elbe-Havel-Kanal

Gollwitz

Groß Demsin

Binnenheide

Sachsen-Anhalt

Brandenburg

Kader Schleuse

Neubuchholz

Kade

Gollwitzer Berg

8 12°18

370

1

Belicke

2 km

Roßdorfer Altkanal

6

1

0

1

3,71

12°14

12°24

12°24

52° 26

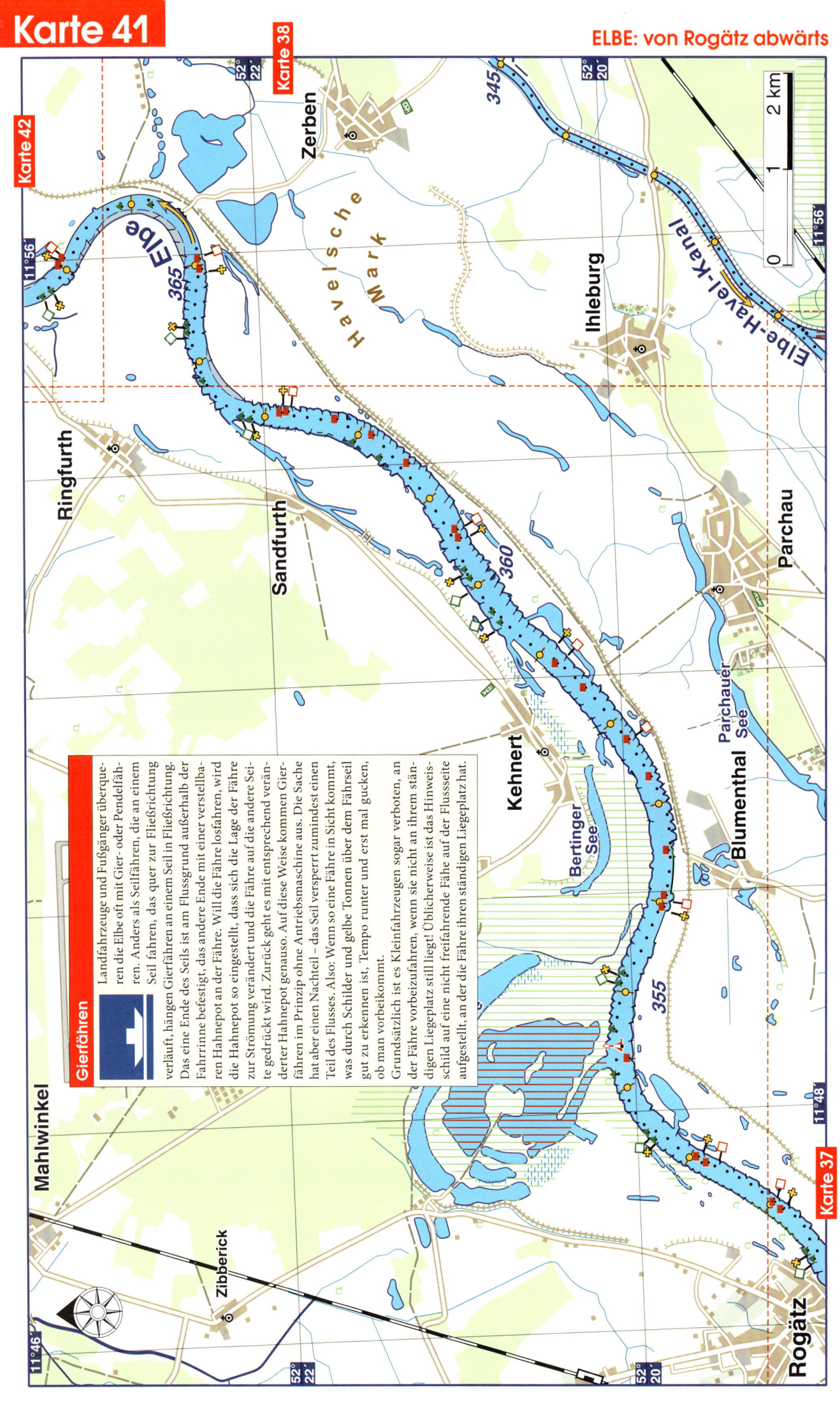

Karte 42

Karte 38

Mahlwinkel

Ringfurth

Zerben

Zibberick

Sandfurth

H a v e l s c h e   M a r k

Ihleburg

Elbe

Elbe

365

360

355

345

Kehnert

Bertinger See

Blumenthal

Parchauer See

Parchau

Rogätz

Karte 37

2 km

1

0

Gierfähren

Landfahrzeuge und Fußgänger überqueren die Elbe oft mit Gier- oder Pendelfähren. Anders als Seilfähren, die an einem Seil fahren, das quer zur Fließrichtung verläuft, hängen Gierfähren an einem Seil in Fließrichtung. Das eine Ende des Seils ist am Flussgrund außerhalb der Fahrrinne befestigt, das andere Ende mit einer verstellbaren Hahnepot an der Fähre. Will die Fähre losfahren, wird die Hahnepot so eingestellt, dass sich die Lage der Fähre zur Strömung verändert und die Fähre auf die andere Seite gedrückt wird. Zurück geht es mit entsprechend veränderter Hahnepot genauso. Auf diese Weise kommen Gierfähren im Prinzip ohne Antriebsmaschine aus. Die Sache hat aber einen Nachteil – das Seil versperrt zumindest einen Teil des Flusses. Also: Wenn so eine Fähre in Sicht kommt, was durch Schilder und gelbe Tonnen über dem Fährseil gut zu erkennen ist, Tempo runter und erst mal gucken, ob man vorbeikommt.

Grundsätzlich ist es Kleinfahrzeugen sogar verboten, an der Fähre vorbeizufahren, wenn sie nicht an ihrem ständigen Liegeplatz still liegt! Üblicherweise ist das Hinweisschild auf eine nicht freifahrende Fähe auf der Flussseite aufgestellt, an der die Fähre ihren ständigen Liegeplatz hat.

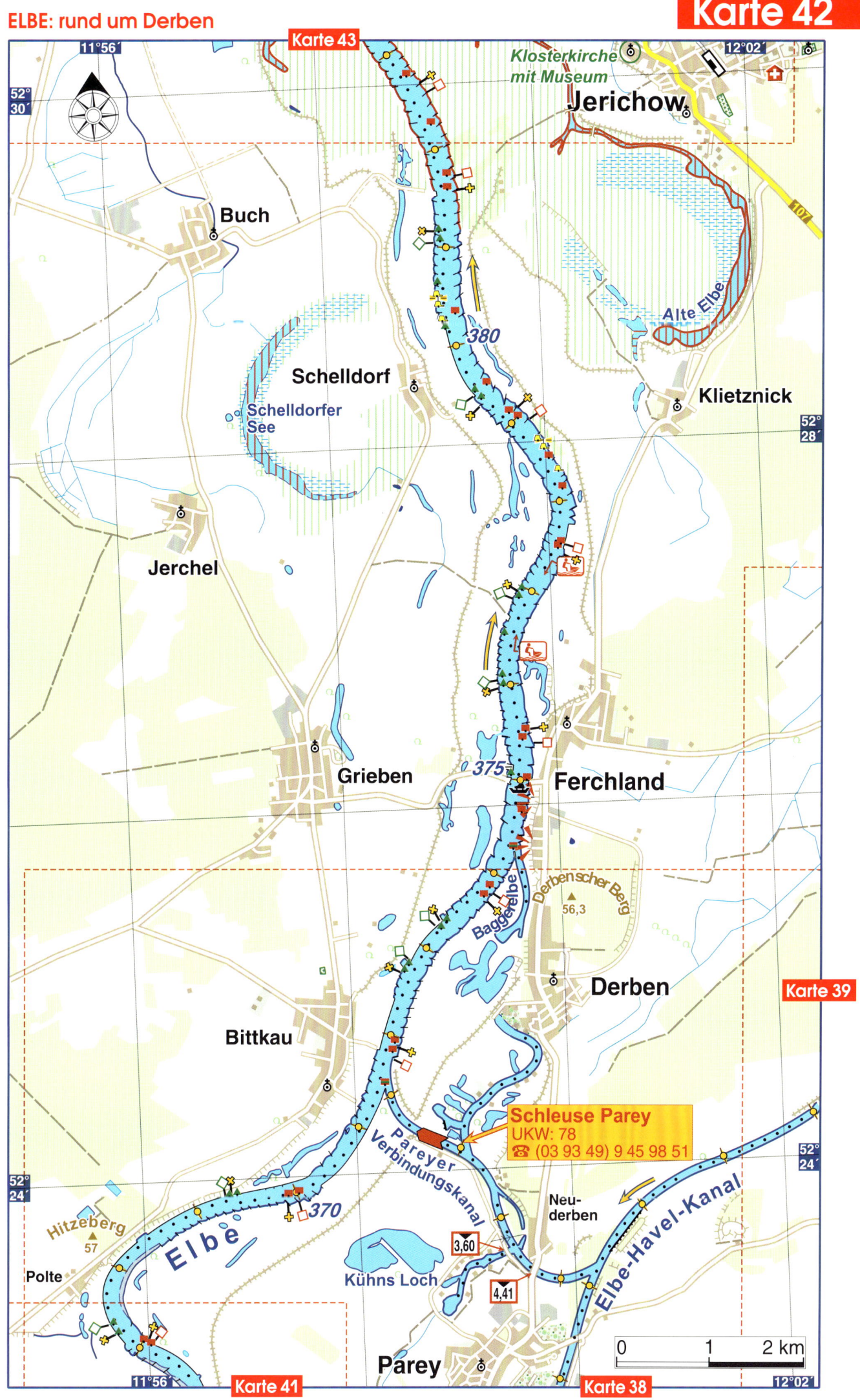

Karte 43

11°56′

52°30′

Klosterkirche
mit Museum

Jerichow

12°02′

107

Buch

Alte Elbe

380

Schelldorf

Schelldorfer
See

Klietznick

52°28′

Jerchel

375

Grieben

Ferchland

Derbenscher Berg
56,3

Baggerelbe

Karte 39

Derben

Bittkau

Schleuse Parey
UKW: 78
☎ (03 93 49) 9 45 98 51

Pareyer
Verbindungskanal

Neu-
derben

52°24′

12°02′

52°24′

Elbe

370

Hitzeberg
57

Kühns Loch

3,60

4,41

Elbe-Havel-Kanal

Polte

0   1   2 km

11°56′

Karte 41

Parey

Karte 38

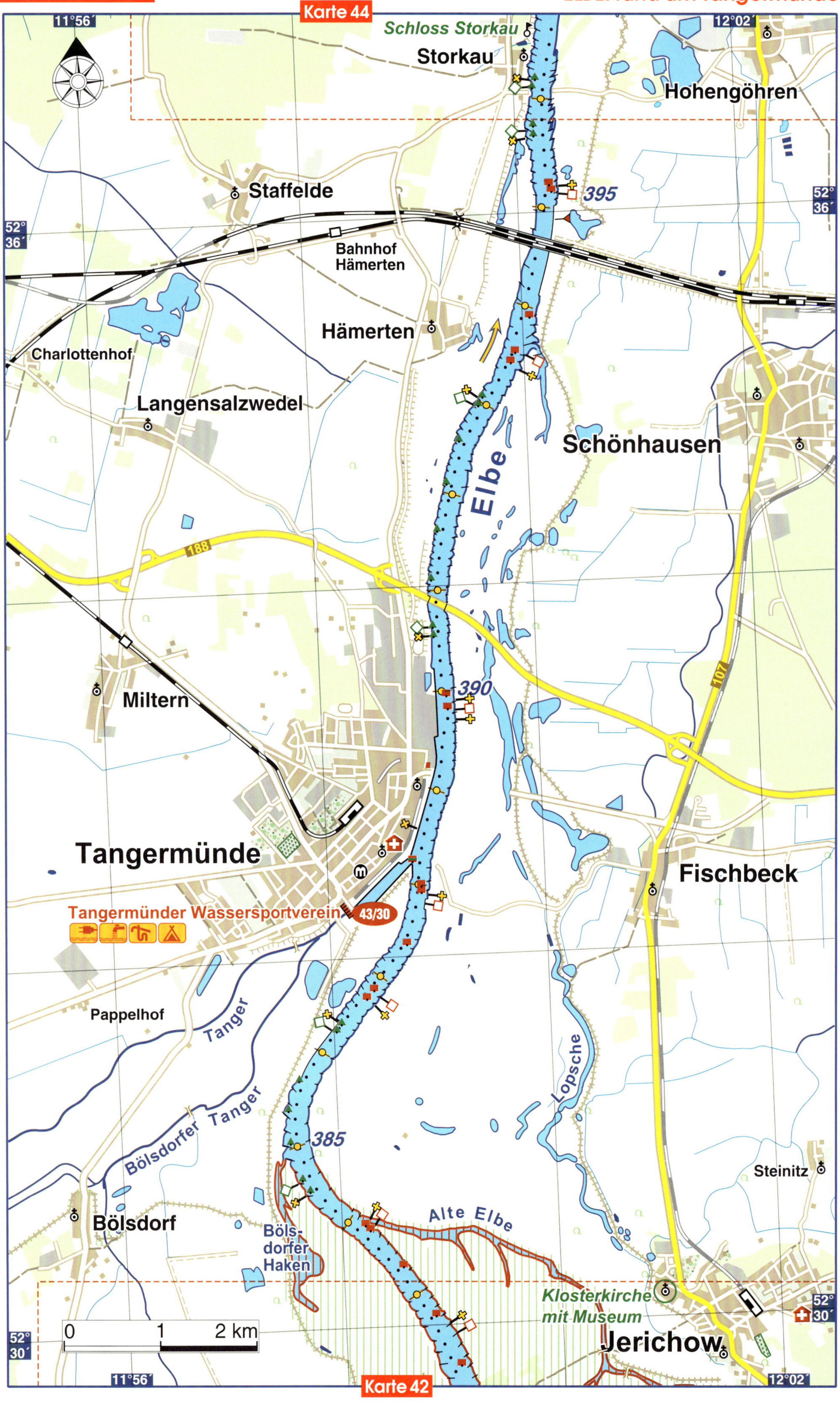
Karte 44
11°56´
12°02´
Schloss Storkau
Storkau
Hohengöhren
Staffelde
395
52°
36´
52°
36´
Bahnhof
Hämerten
Hämerten
Charlottenhof
Langensalzwedel
Schönhausen
Elbe
188
390
Miltern
107
Tangermünde
Fischbeck
Tangermünder Wassersportverein
43/30
Pappelhof
Tanger
Bölsdorfer Tanger
Lopsche
385
Steinitz
Bölsdorf
Bölsdorfer Haken
Alte Elbe
Klosterkirche
mit Museum
Jerichow
52°
30´
52°
30´
0
1
2 km
11°56´
12°02´
Karte 42

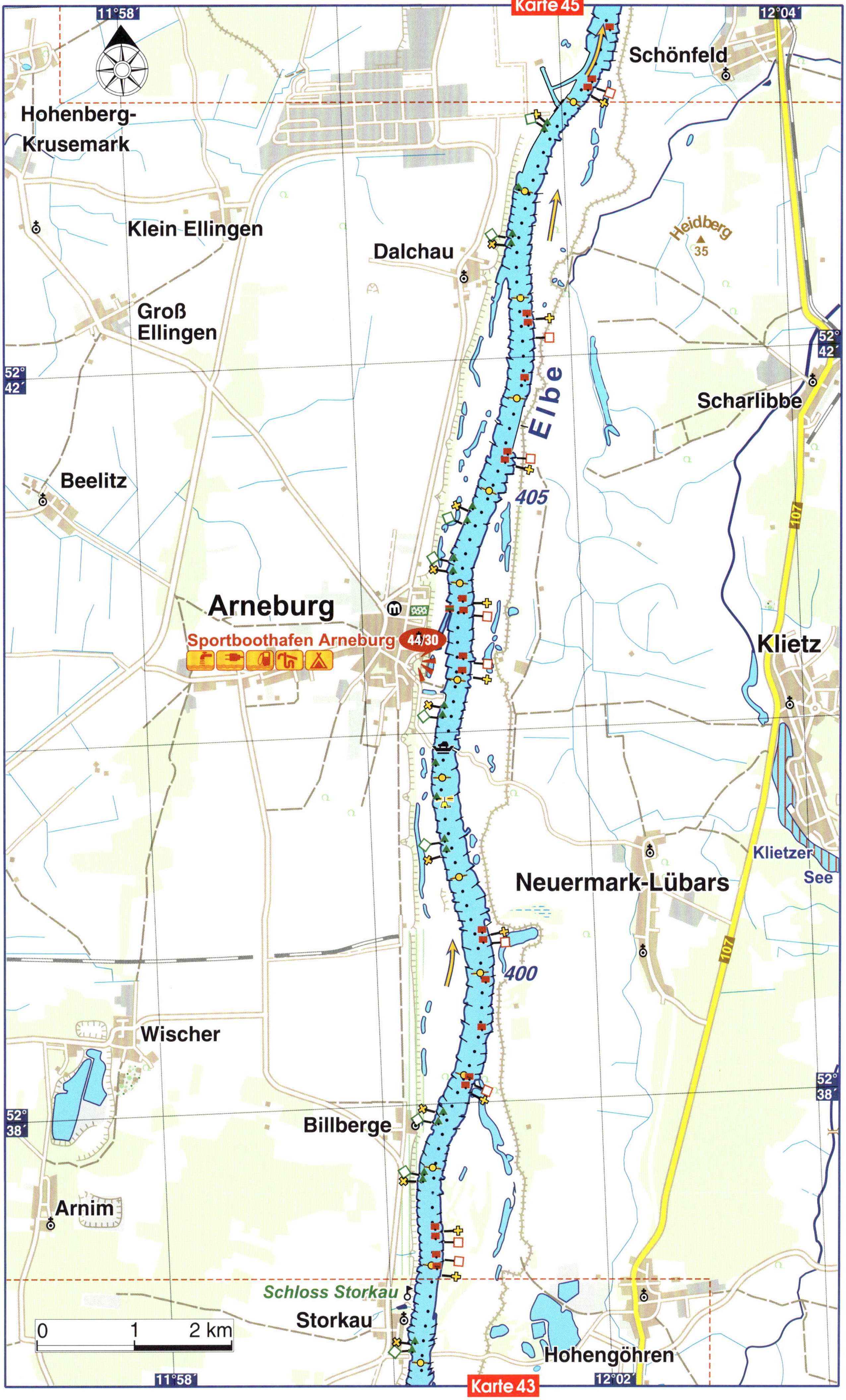

Karte 45
11°58´
12°04´
Schönfeld
Hohenberg-
Krusemark
Klein Ellingen
Dalchau
Heidberg
35
Groß
Ellingen
52°
42´
Elbe
Scharlibbe
Beelitz
405
107
Arneburg
Sportboothafen Arneburg
44/30
Klietz
Klietzer
See
Neuermark-Lübars
400
Wischer
Billberge
Arnim
Schloss Storkau
Storkau
0
1
2 km
Hohengöhren
52°
38´
11°58´
12°02´
Karte 43

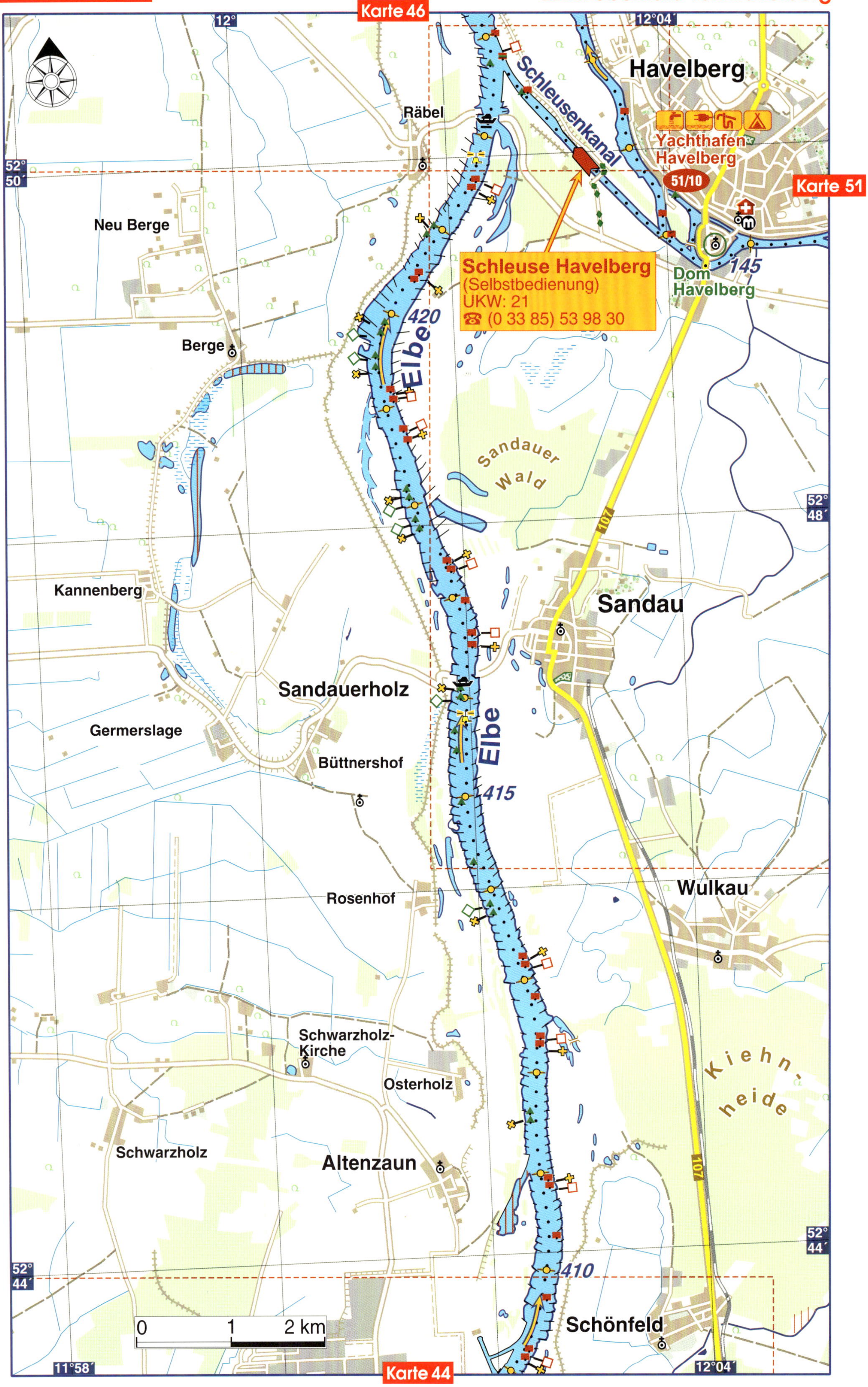

Karte 46

Havelberg

Räbel

Schleusenkanal

Yachthafen
Havelberg

51/10

Karte 51

Neu Berge

Schleuse Havelberg
(Selbstbedienung)
UKW: 21
☎ (0 33 85) 53 98 30

Dom
Havelberg

145

420

Elbe

Berge

Sandauer
Wald

107

Kannenberg

Sandau

Sandauerholz

Germerslage

Büttnershof

Elbe

415

Rosenhof

Wulkau

Schwarzholz-
Kirche

Osterholz

Kiehn-
heide

Schwarzholz

Altenzaun

107

410

0   1   2 km

Schönfeld

Karte 44

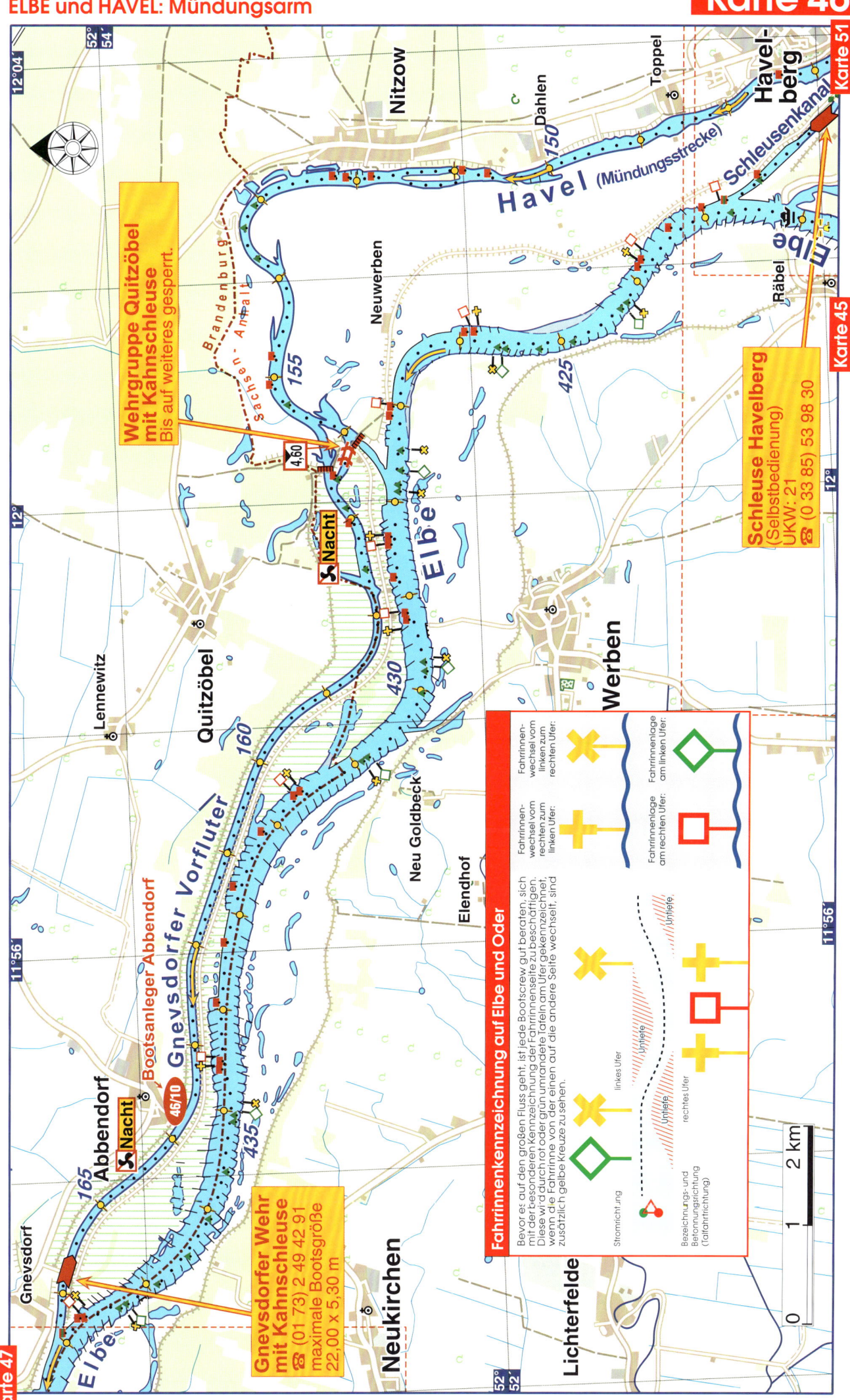

Havel (Mündungsstrecke)

Schleusenkanal

Elbe

Havel-berg

Toppel
Dahlen
150
Neukitzow
Nitzow
Neuwerben
Räbel
425
Karte 51
Karte 45

Wehrgruppe Quitzöbel mit Kahnschleuse Bis auf weiteres gesperrt.

155

4,60

Nacht

Elbe

Schleuse Havelberg (Selbstbedienung) UKW: 21 ☎ (0 33 85) 53 98 30

Brandenburg
Sachsen - Anhalt

Werben

Lennewitz

Quitzöbel

430

Bootsanleger Abbendorf

Gnevsdorfer Vorfluter

Neu Goldbeck

Elendhof

46/10

160

Abbendorf

Nacht

165

435

Gnevsdorf

Gnevsdorfer Wehr mit Kahnschleuse ☎ (01 73) 2 49 42 91 maximale Bootsgröße 22,00 x 5,30 m

Elbe

Neukirchen

Lichterfelde

Karte 47

Fahrrinnenkennzeichnung auf Elbe und Oder

Fahrrinnen-wechsel vom linken zum rechten Ufer:

Fahrrinnenlage am linken Ufer:

Fahrrinnen-wechsel vom rechten zum linken Ufer:

Fahrrinnenlage am rechten Ufer:

Bevor es auf den großen Fluss geht, ist jede Bootscrew gut beraten, sich mit der besonderen Kennzeichnung der Fahrrinnenseite zu beschäftigen. Diese wird durch rot oder grün umrandete Tafeln am Ufer gekennzeichnet, wenn die Fahrrinne von der einen auf die andere Seite wechselt, sind zusätzlich gelbe Kreuze zu sehen.

Untiefe
Untiefe
linkes Ufer
rechtes Ufer

Stromrichtung

Bezeichnungs- und Betonnungsrichtung (Talfahrtrichtung)

0   1   2 km

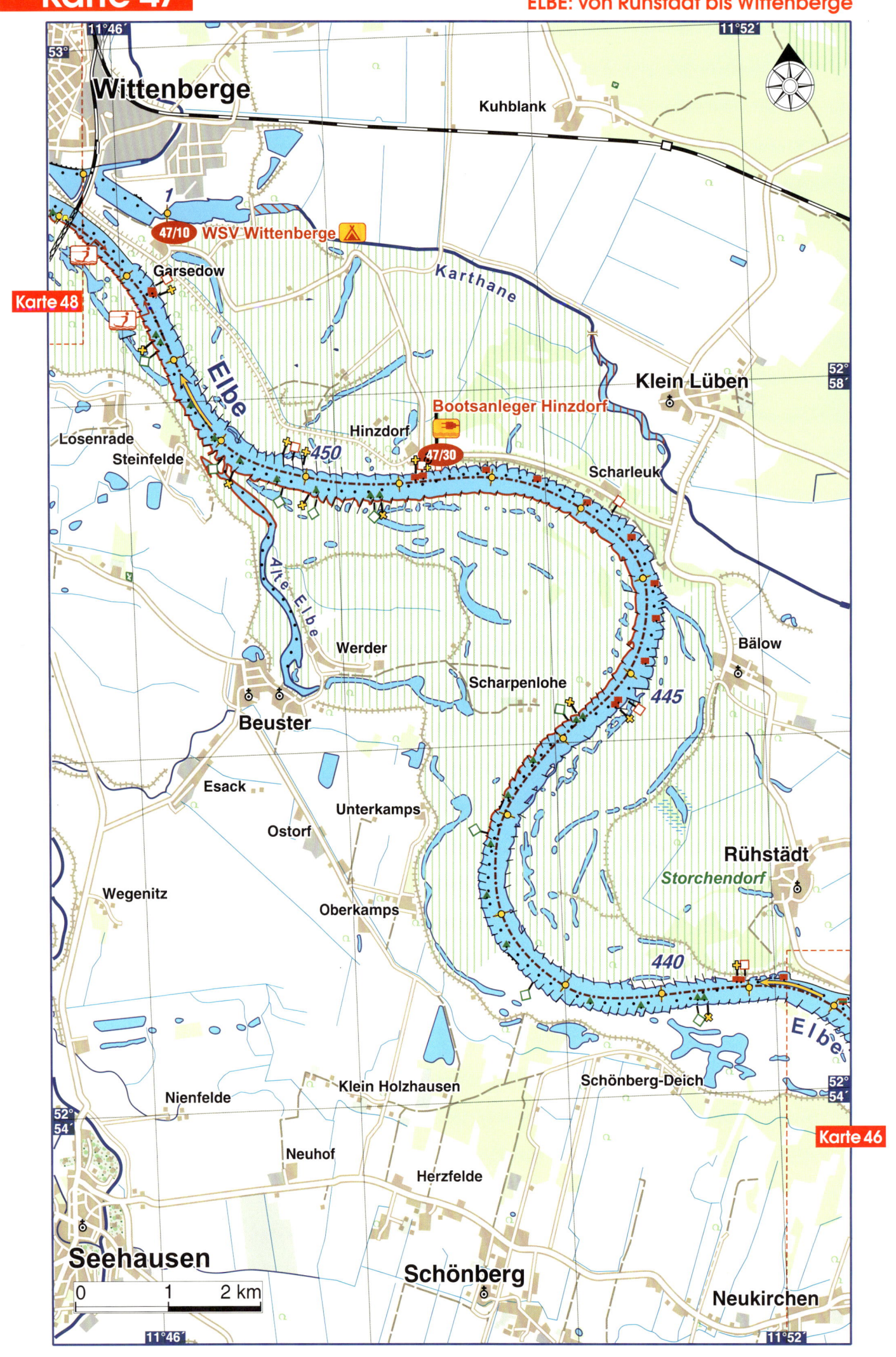

Wittenberge

Kuhblank

11°46'

53°

11°52'

47/10 WSV Wittenberge

Karte 48

Garsedow

Karthane

Klein Lüben

52°
58°

Bootsanleger Hinzdorf

Losenrade

Steinfelde

Hinzdorf

450

47/30

Scharleuk

Elbe

Alte Elbe

Scharpenlohe

Bälow

445

Werder

Beuster

Esack

Unterkamps

Rühstädt

Ostorf

Storchendorf

Wegenitz

Oberkamps

440

Elbe

52°
54'

Nienfelde

Klein Holzhausen

Schönberg-Deich

Karte 46

Neuhof

Herzfelde

52°
54'

Seehausen

0   1   2 km

Schönberg

Neukirchen

11°46'

11°52'

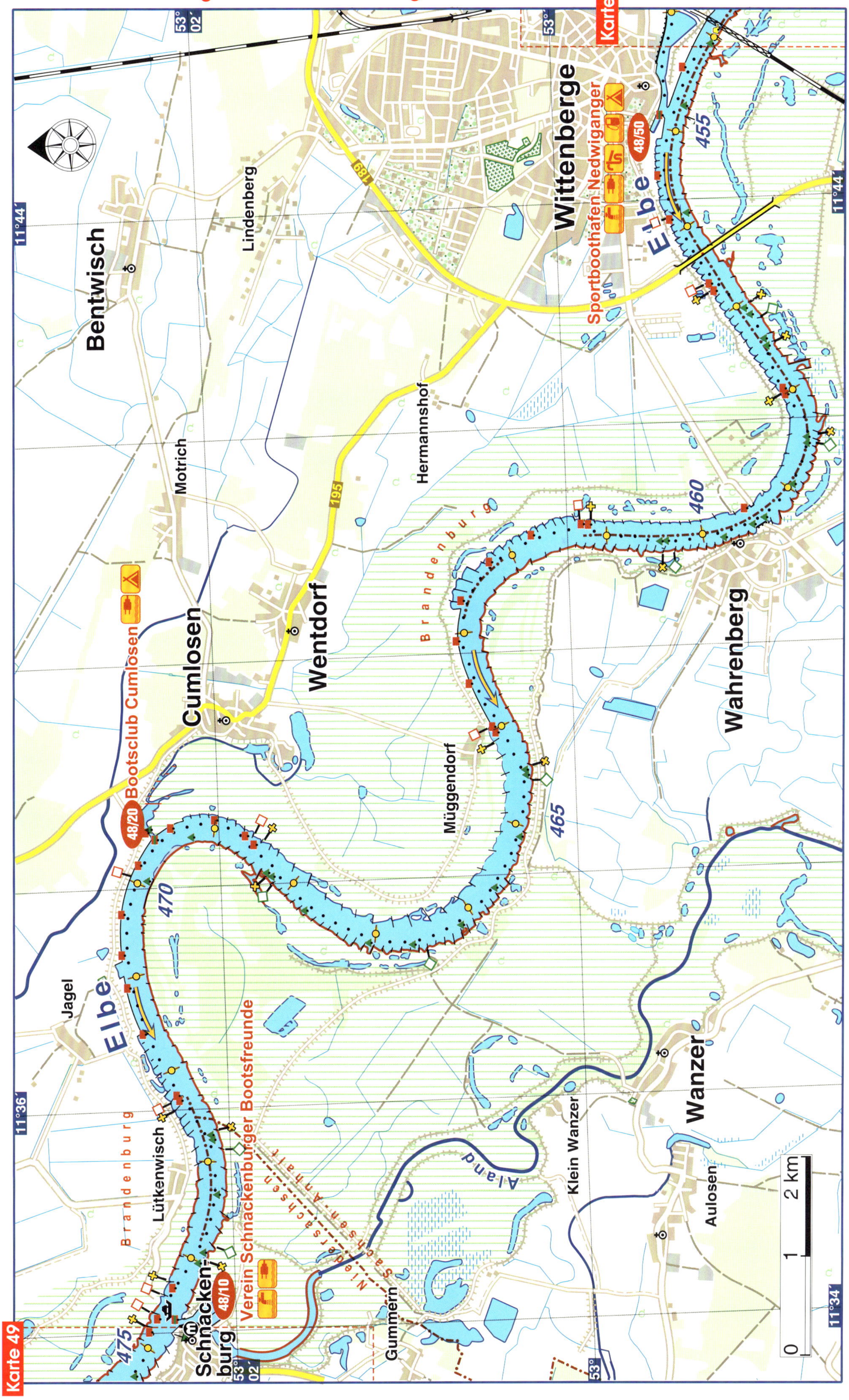

Karte 47

Bentwisch

Lindenberg

Motrich

Wentdorf

Cumlosen

Bootsclub Cumlosen

48/20

Wittenberge

Sportboothafen Nedwiganger

48/50

Elbe

455

Hermannshof

B r a n d e n b u r g

460

Wahrenberg

Müggendorf

465

Elbe

470

Jagel

Lütkenwisch

B r a n d e n b u r g

N i e d e r s a c h s e n

Verein Schnackenburger Bootsfreunde

48/10

Schnacken-
burg

475

Gummern

Aland

Klein Wanzer

Wanzer

Aulosen

Karte 49

2 km

1

0

Karte 49

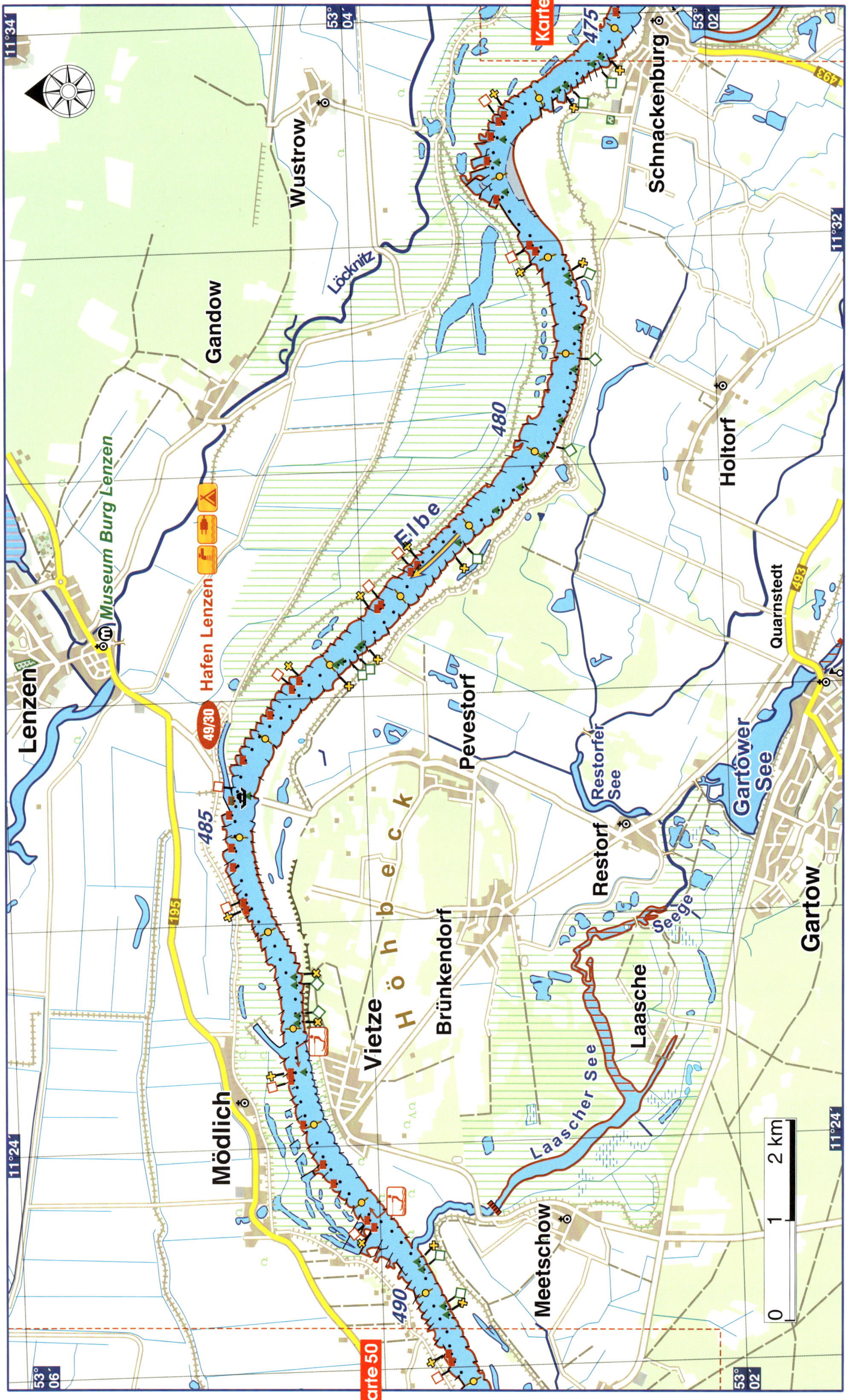

Karte 48

Schnackenburg

475

480

485

490

Elbe

Löcknitz

Wustrow

Gandow

Museum Burg Lenzen

Hafen Lenzen

49/30

Lenzen

195

Mödlich

Vietze

H ö h b e c k

Brünkendorf

Pevestorf

Restorf

Restorfer See

Seege

Laasche

Laascher See

Meetschow

Holtorf

Quarnstedt

Gartower See

Gartow

Karte 50

2 km

1

0

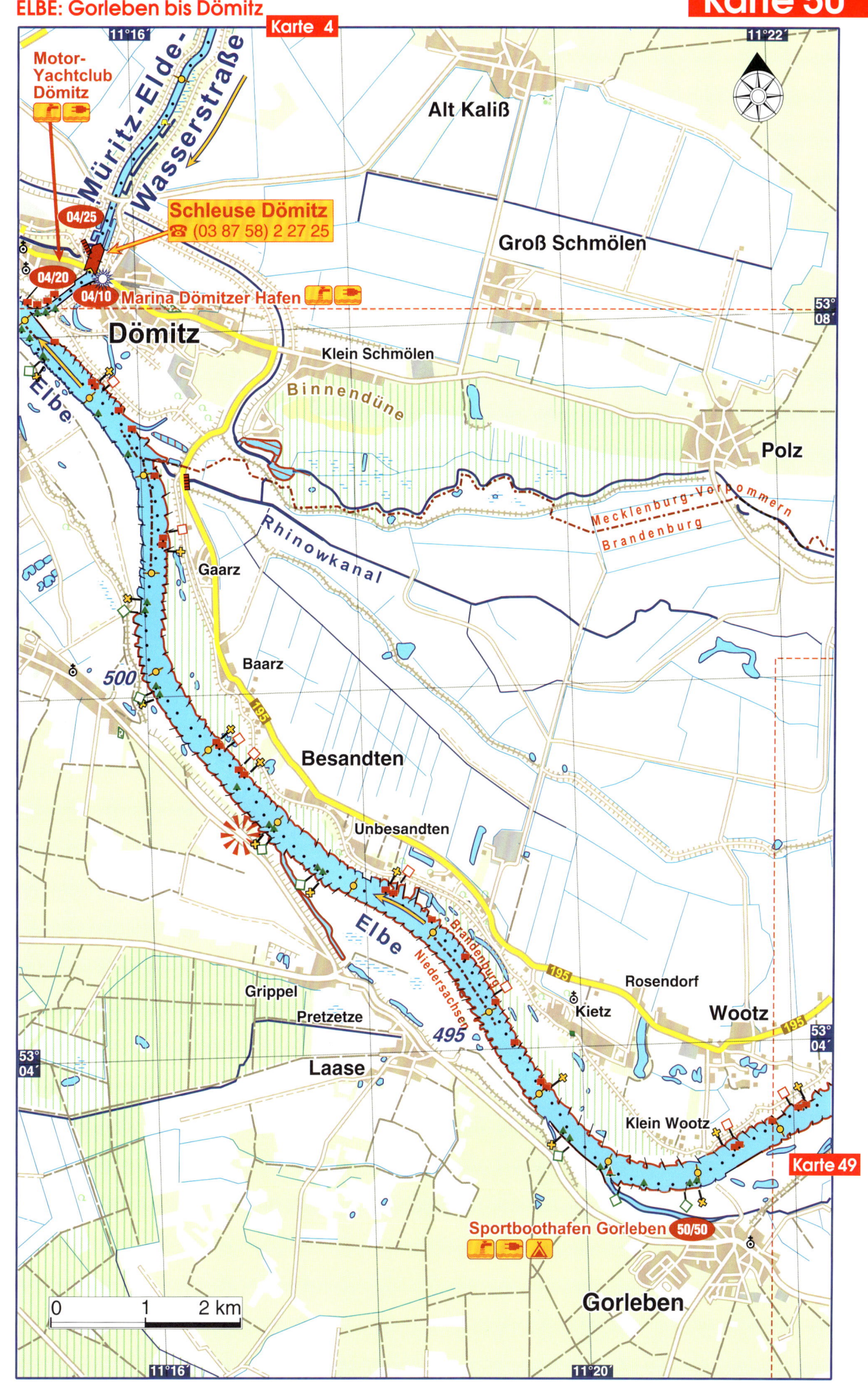

Karte 4

Motor-Yachtclub Dömitz

Müritz-Elde-Wasserstraße

04/25

Schleuse Dömitz ☎ (03 87 58) 2 27 25

04/20

04/10

Marina Dömitzer Hafen

Dömitz

Alt Kaliß

Groß Schmölen

Klein Schmölen

53° 08'

B i n n e n d ü n e

Polz

Elbe

Rhinowkanal

Mecklenburg-Vorpommern

Brandenburg

Gaarz

Baarz

500

195

Besandten

Unbesandten

Elbe

Brandenburg

Niedersachsen

Grippel

Pretzetze

495

Rosendorf

Kietz

Wootz

195

53° 04'

53° 04'

Laase

Klein Wootz

Karte 49

Sportboothafen Gorleben 50/50

Gorleben

0 1 2 km

11°16'

11°20'

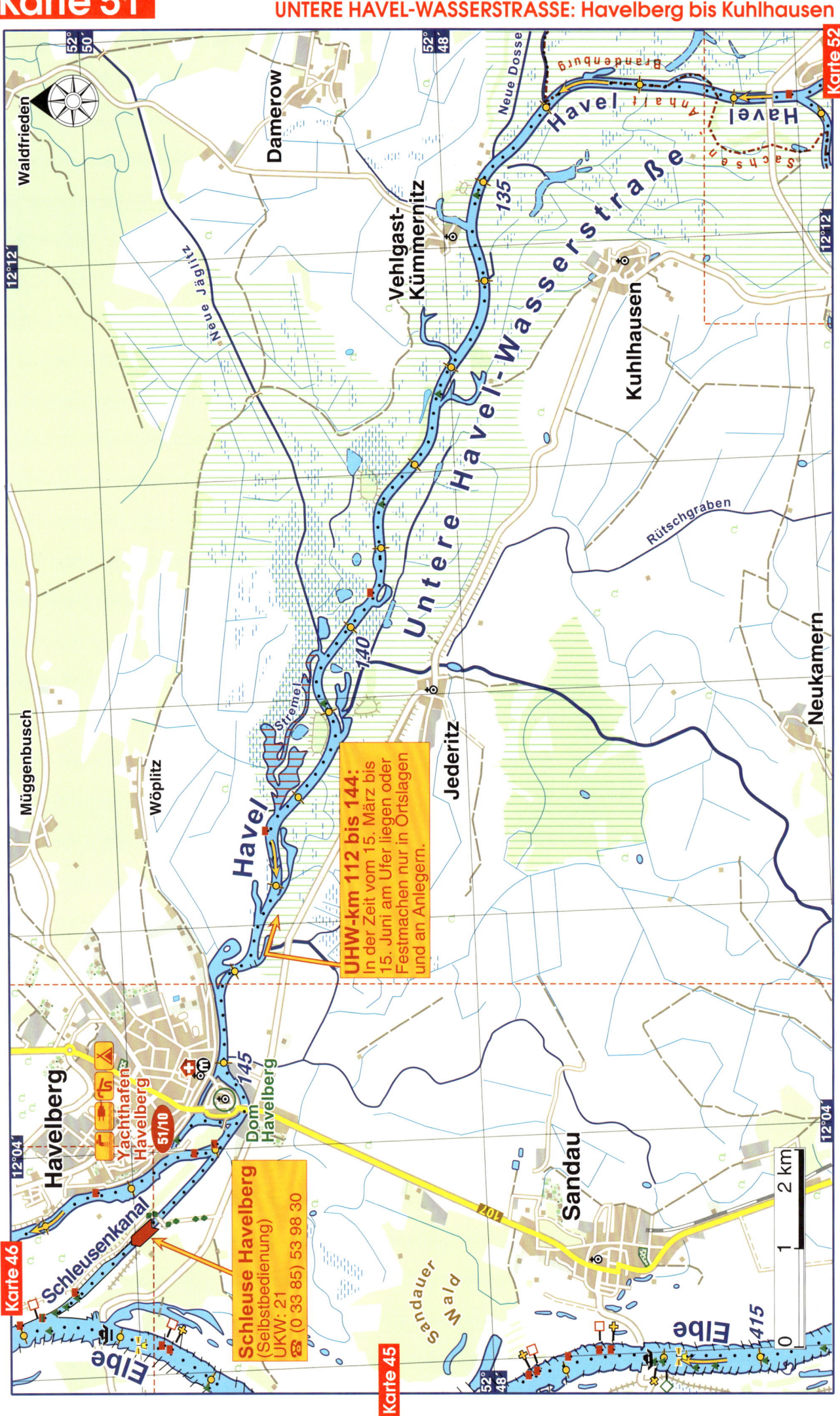

Waldfrieden

Damerow

Neue Dosse

Neue Jäglitz

Havel

Brandenburg

Sachsen-Anhalt

Karte 52

Vehlgast-Kümmernitz

135

Kuhlhausen

Müggenbusch

Rütschgraben

Wöplitz

Strenne

140

Untere Havel-Wasserstraße

UHW-km 112 bis 144: In der Zeit vom 15. März bis 15. Juni am Ufer liegen oder Festmachen nur in Ortslagen und an Anlegern.

Havel

Jederitz

Neukamern

Havelberg

145

Yachthafen Havelberg

51/10

Dom Havelberg

Karte 46

Schleusenkanal

Schleuse Havelberg (Selbstbedienung) UKW: 21 ☎ (0 33 85) 53 98 30

Sandau

Sandauer Wald

107

Karte 45

Elbe

415

Elbe

2 km

1

0

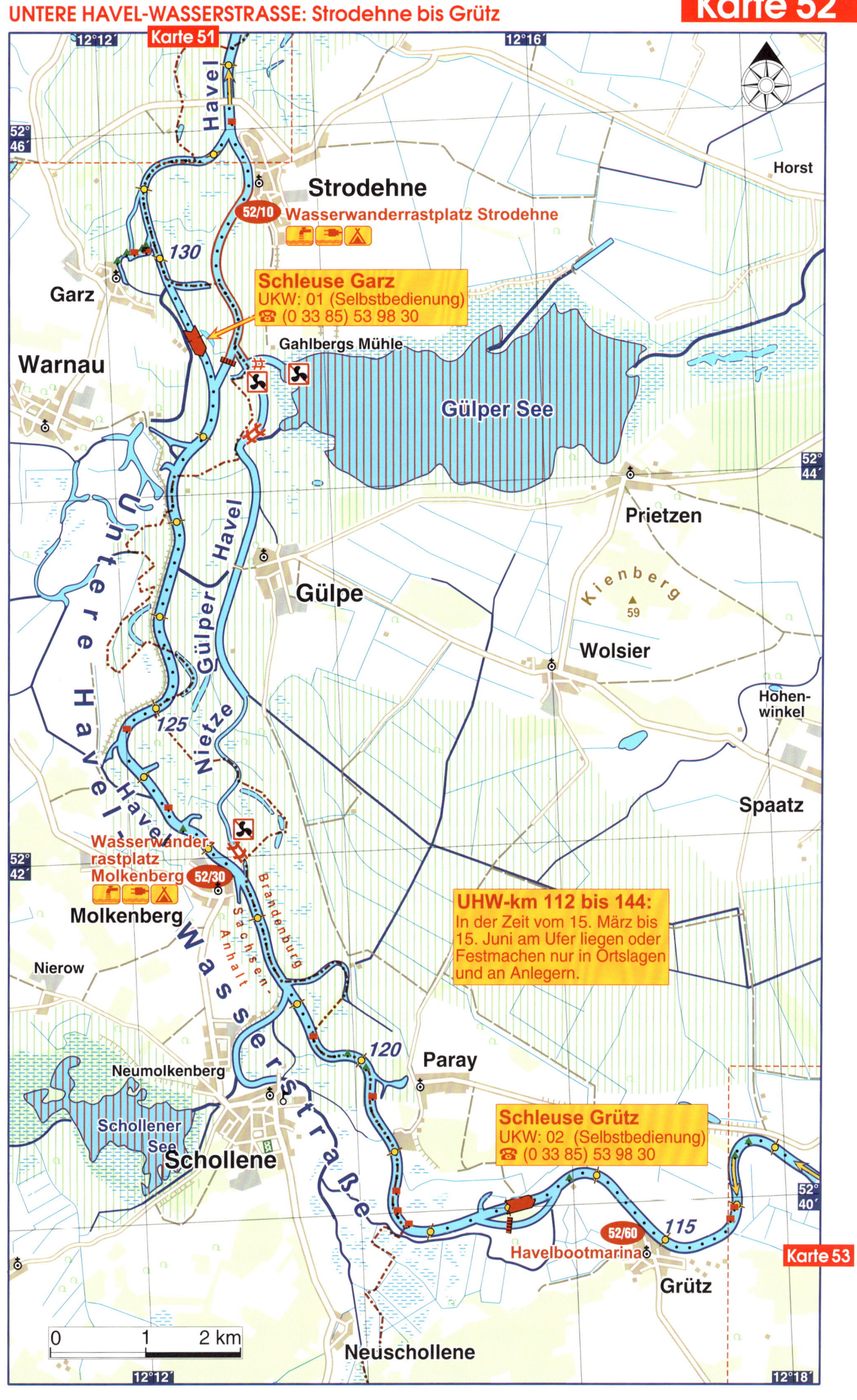

Karte 51

Horst

Strodehne

52/10 Wasserwanderrastplatz Strodehne

Schleuse Garz
UKW: 01 (Selbstbedienung)
☎ (0 33 85) 53 98 30

Garz

Warnau

Gahlbergs Mühle

Gülper See

Prietzen

Gülpe

Kienberg
59

Wolsier

Hohen-winkel

Spaatz

Wasserwanderrastplatz Molkenberg

52/30

Molkenberg

Nierow

UHW-km 112 bis 144:
In der Zeit vom 15. März bis
15. Juni am Ufer liegen oder
Festmachen nur in Örtslagen
und an Anlegern.

Neumolkenberg

Schollener See

Schollene

120

Paray

Schleuse Grütz
UKW: 02 (Selbstbedienung)
☎ (0 33 85) 53 98 30

52/60 115

Havelbootmarina

Grütz

Karte 53

Neuschollene

0   1   2 km

12°18′

Havel

Bootsanleger
Hohennauener See

Marina
Strandgut

Wassersuppe

Anleger
Wassersuppe

53/30

12°24′

52°
40′

Hohennauen

53/10 53/20

Hohennauener
See

5

1 5,2

Hohennauener

Wasserstraße

Reusen

Lötze

53/40

Rathenower WSV
Segeln 1922

53/50

Gastanleger Semlin

Karte 52

110

Albertsheim

53/45

Rathenower
Segler-Club

Semlin

Ferchesarer
See

siehe
unten

Untere Havel-Wasserstraße

Rathenower Stremme

52°
40′

12°26′

Göttlin

52°
38′

105

Campingpark
Bundspecht

10

53/65

Ferchesar

Nord-
Siedlung

Ferchesarer See

3,98

Rathenow

188

Optik-Park 53/70

Stadtschleuse Rathenow
☎ (0 33 85) 51 57 40

Rathenow-
West

53/75

Am Alten Hafen (Stadthafen)

**Hauptschleuse
Rathenow**
UKW: 03
(Selbstbedienung)
☎ (0 33 85) 53 98 30

188

5,17

Südsiedlung

Wolzensee

Herrenlanke

Stadtrandsiedlung

Lindensiedlung

100

Möthlowshof

Grünaue

Havel

102

Heidefeld

Mögeliner Havel

52°
34′

Wilhelminenhof

0   1   2 km

Böhne

Mögelin

12°18′

Karte 54

12°24′

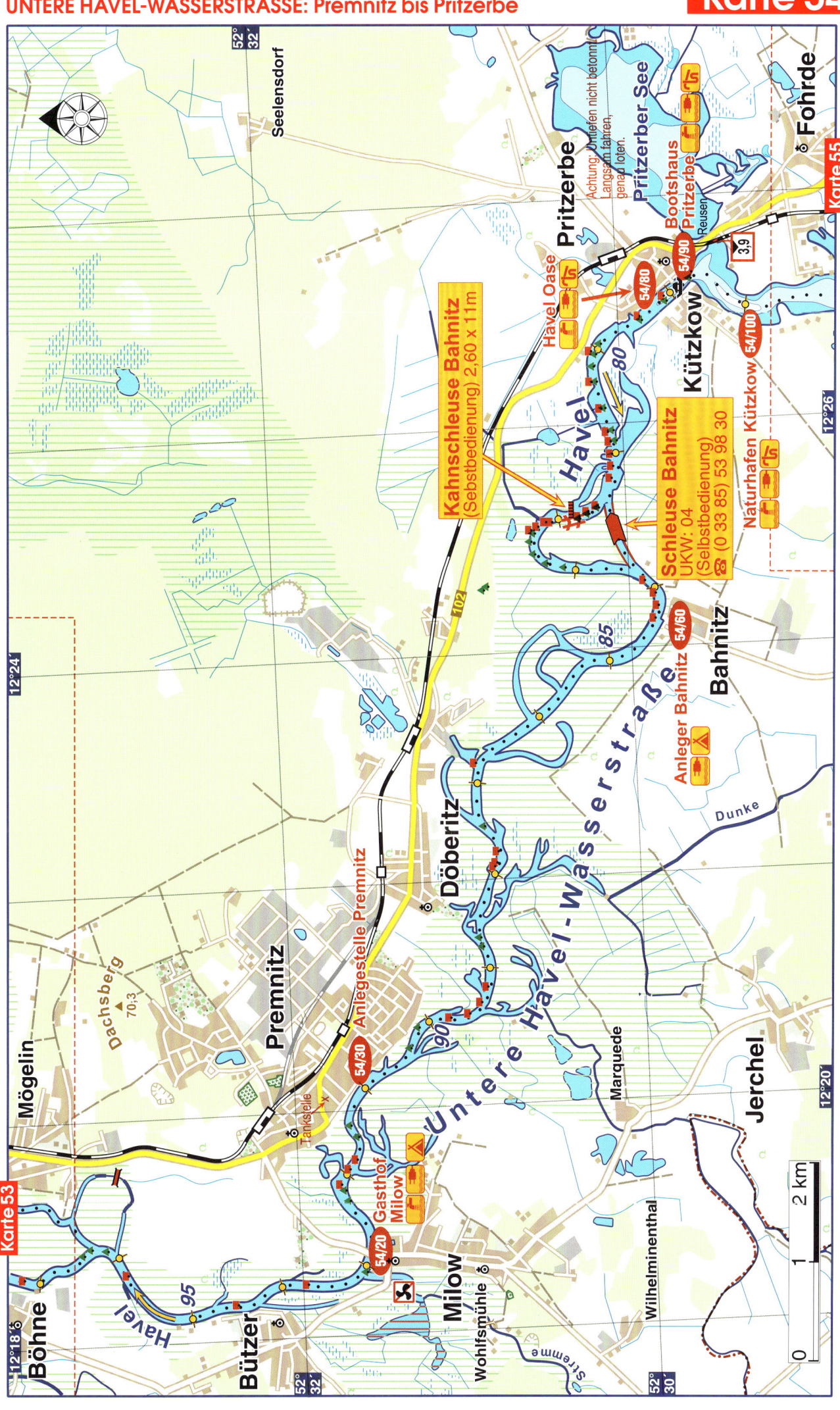

Seelensdorf

Pritzerbe

Pritzerber See

Fohrde

Achtung: Untiefen nicht betonnt, Langsam fahren, genau loten.

Bootshaus Pritzerbe

Reusen

54/90

54/80

Havel Oase

54/100

Naturhafen Kützkow

Kützkow

Kahnschleuse Bahnitz
(Sebstbedienung) 2,60 x 11m

Schleuse Bahnitz
UKW: 04
(Selbstbedienung)
☎ (0 33 85) 53 98 30

Havel

80

85

3,9

Karte 55

12°26'

Bahnitz

54/60

Anleger Bahnitz

Dunke

102

Döberitz

Marquede

Untere Havel-Wasserstraße

Wilhelminenthal

Jerchel

12°20'

Mögelin

Dachsberg
70,3

Premnitz

Anlegestelle Premnitz

54/30

90

Tankstelle

Gasthof Milow

Milow

Wohlfsmühle

Böhne

Bützer

Havel

95

54/20

Stremme

Karte 53

12°18'

12°24'

52°32'

52°32'

52°30'

0 1 2 km

Karte 55

UNTERE HAVEL-WASSERSTRASSE: Fohrde bis Brandenburg

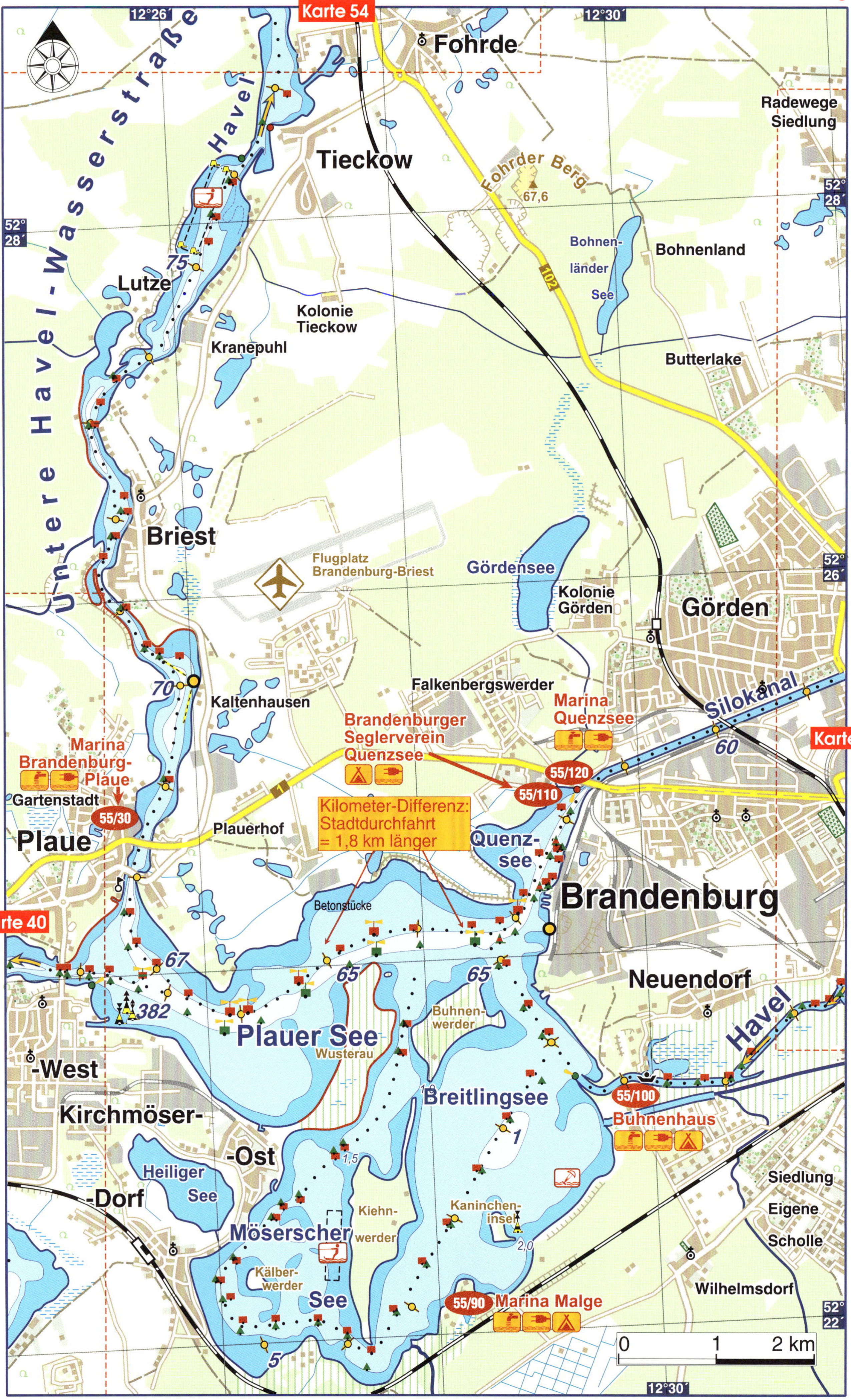

Karte 54
12°26´
12°30´
Fohrde
Untere Havel-Wasserstraße
Havel
Tieckow
Fohrder Berg
67,6
Radewege Siedlung
52° 28´
Bohnenländer See
Bohnenland
102
Lutze
75
Kolonie Tieckow
Kranepuhl
Butterlake
Briest
Flugplatz Brandenburg-Briest
Gördensee
Kolonie Görden
Görden
52° 26´
70
Kaltenhausen
Falkenbergswerder
Marina Quenzsee
Silokanal
60
Karte 56
Brandenburger Seglerverein Quenzsee
Marina Brandenburg-Plaue
Gartenstadt
55/30
1
55/120
55/110
Plaue
Plauerhof
Kilometer-Differenz: Stadtdurchfahrt = 1,8 km länger
Quenzsee
Brandenburg
Betonstücke
Karte 40
67
65
65
382
Neuendorf
Bunhenwerder
Plauer See
Wusterau
Havel
-West
Breitlingsee
55/100
Kirchmöser-
Buhnenhaus
1
-Ost
1,5
Heiliger See
Siedlung Eigene Scholle
-Dorf
Kiehnwerder
Kaninchen-insel
2,0
Möserscher See
Kälberwerder
Wilhelmsdorf
55/90
Marina Malge
52° 22´
5
0
1
2 km
12°30´

UNTERE HAVEL-WASSERSTRASSE: Brandenburg mit Beetzsee

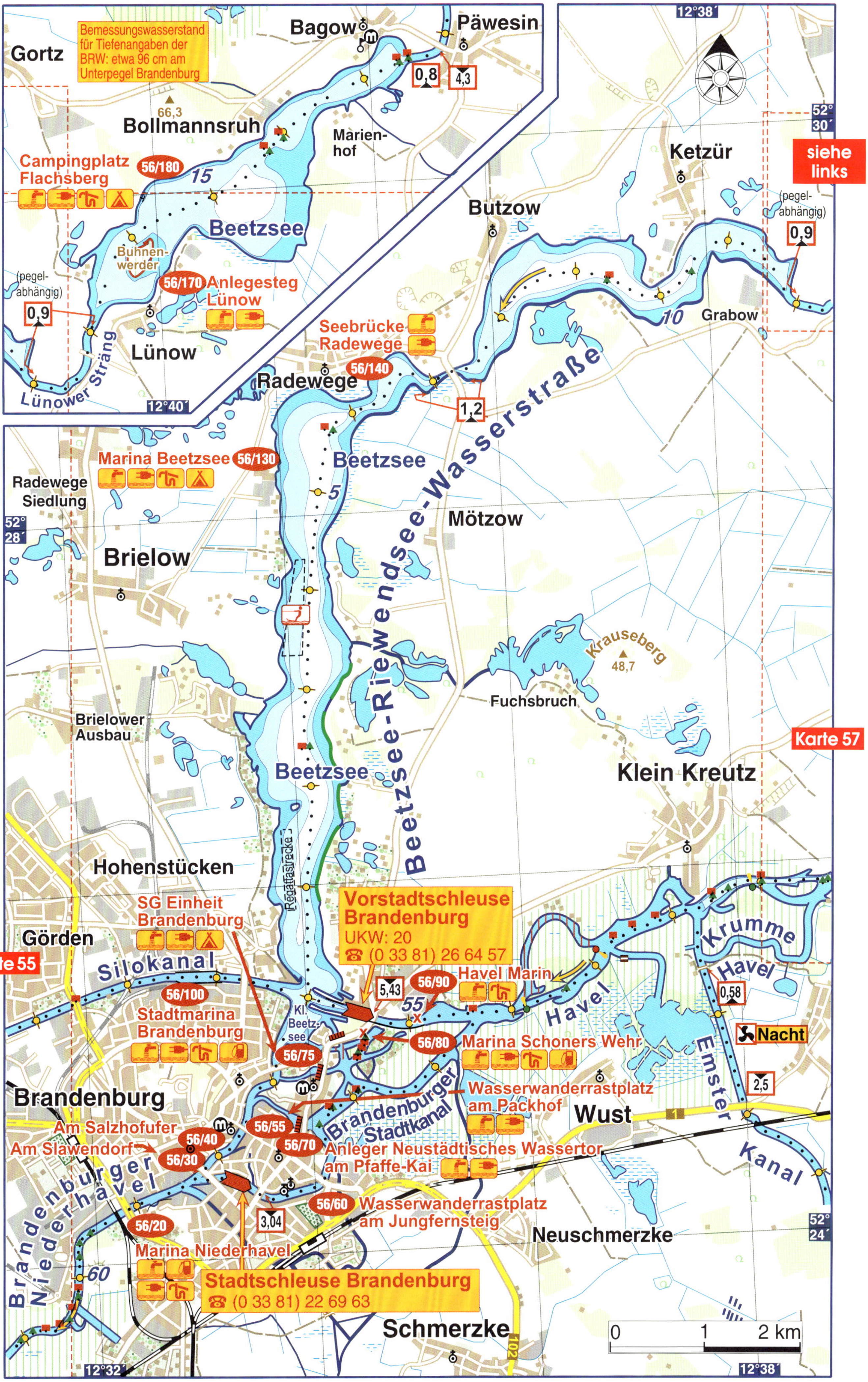
Bemessungswasserstand für Tiefenangaben der BRW: etwa 96 cm am Unterpegel Brandenburg
Gortz
Bagow
Päwesin
0,8
4,3
66,3
Bollmannsruh
Marien-hof
Campingplatz Flachsberg
56/180
15
Beetzsee
Buhnenwerder
(pegel-abhängig)
0,9
56/170
Anlegesteg Lünow
Lünow
Lünower Sträng
12°40′
12°38′
52° 30′
siehe links
Ketzür
Butzow
(pegel-abhängig)
0,9
10
Grabow
Seebrücke Radewege
56/140
Radewege
1,2
Beetzsee-Riewendsee-Wasserstraße
Marina Beetzsee
56/130
Radewege Siedlung
Beetzsee
5
52° 28′
Mötzow
Brielow
Krauseberg
48,7
Fuchsbruch
Brielower Ausbau
Karte 57
Beetzsee
Klein Kreutz
Regattastrecke
Hohenstücken
SG Einheit Brandenburg
Vorstadtschleuse Brandenburg
UKW: 20
☎ (0 33 81) 26 64 57
Krumme Havel
Görden
Karte 55
Silokanal
5,43
56/90
Havel Marina
55
0,58
56/100
Stadtmarina Brandenburg
Kl. Beetz-see
56/80
Marina Schoners Wehr
Havel
Nacht
56/75
Emster Kanal
Brandenburg
Brandenburger Stadtkanal
Wasserwanderrastplatz am Packhof
2,5
Am Salzhofufer
56/40
56/55
Wust
Am Slawendorf
56/30
56/70
Anleger Neustädtisches Wassertor am Pfaffe-Kai
Brandenburger Niederhavel
56/20
3,04
56/60
Wasserwanderrastplatz am Jungfernsteig
Neuschmerzke
52° 24′
Marina Niederhavel
60
Stadtschleuse Brandenburg
☎ (0 33 81) 22 69 63
Schmerzke
0
1
2 km
102
12°32′
12°38′

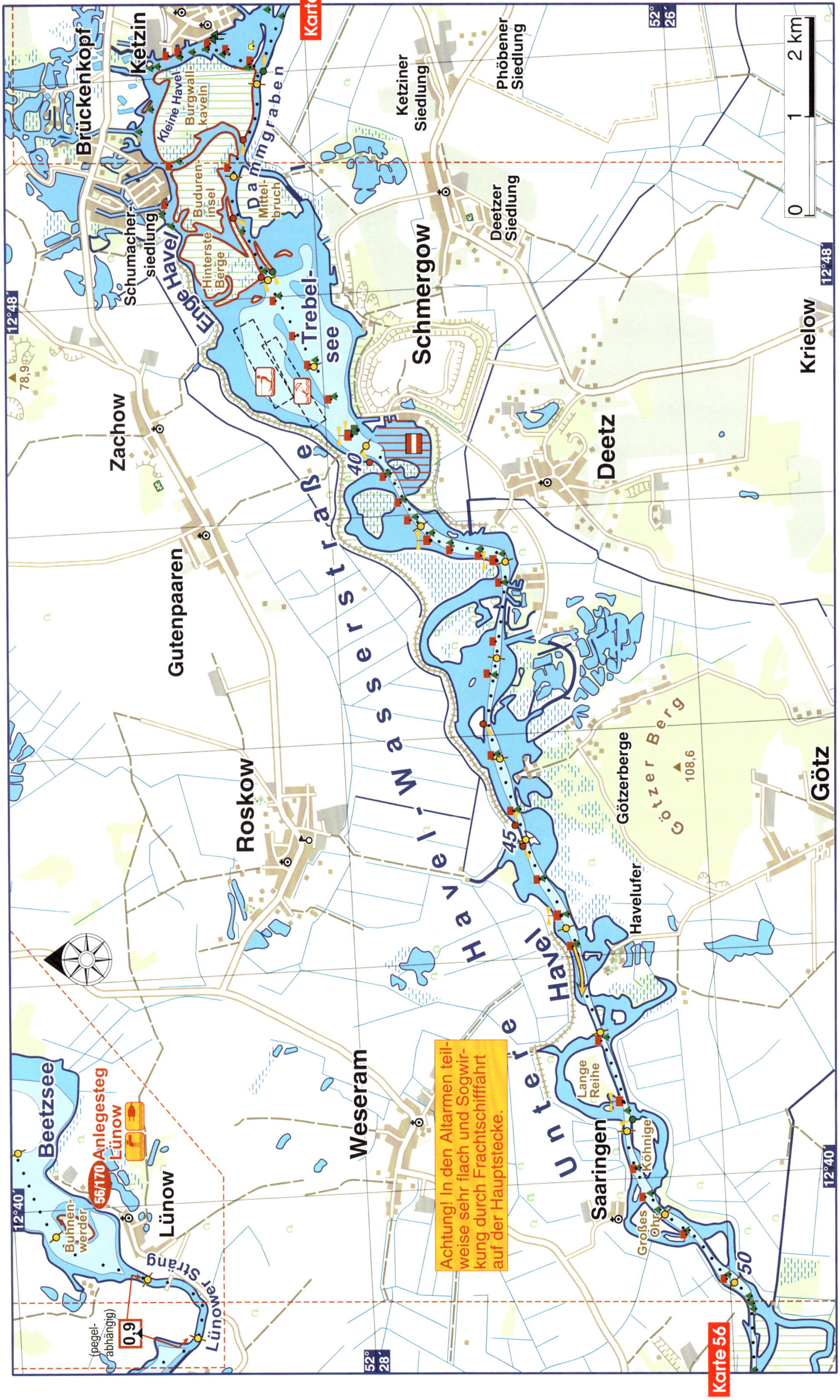

2 km

1

0

52° 26'

12°48'

Brückenkopf

Ketzin

Kleine Havel

Burgwall kavelin

Buduren Insel

Schumacher-siedlung

Hinterste Berge

Mittel-bruch

Dammgraben

Enge Havel

Ketziner Siedlung

Phöbener Siedlung

Deetzer Siedlung

12°48'

78,9

Zachow

Trebel-see

Schmergow

Deetz

Krielow

40

Gutenpaaren

45

Götzerberge

Götzer Berg

108,6

Götz

Roskow

Havelufer

Havel-Wasserstraße

Weseram

Achtung! In den Altarmen teil-weise sehr flach und Sogwir-kung durch Frachtschifffahrt auf der Hauptstecke.

Untere Havel

Lange Reihe

Saaringen

Köhnige

Beetzsee

56/170 Anlegesteg Lünow

Lünow

Bühnen-werder

Großes Ohr

50

Lünower Strang

(pegel-abhängig)

0,9

12°40'

12°40'

52° 28'

Karte 56

Karte 60

Fahrland

Satzkorn

Weinberg

Karte 64

-Paaren

Potsdam-Nord

Marquardt

Uetz-

Wublitz

Sacrow-Paretzer-Kanal

Schlänitz-
see

Schlänitze

Schlänitzsee

Eichholz

Leest

Wublitz

Leest

Nattwerder

Bornim

Windmühlenberg
74,5

Bornim
Grube

Neu Grube

Grube

Yachthafen Ringel

Karte 59

59/10

Neu Töplitz

Töplitz

Kleiner
Zernsee

Havelkanal

Havel

Sacrow-Paretzer-Kanal

30

34

Göttin

Göttin-
see

Paretz

Havel

Potsdamer Havel

Wachtelberg
83,7

Phöben

Haakberg
87,9

Ketzin

Steganlage Havelpromenade
Ketzin

Unt e re

58/20

Brückenkopf

Kleine Havel
Burgwall
kaveln

Ketziner Havel

Dammgraben 35

Ketziner
Siedlung

Phöbener
Siedlung

Karte 57

2 km

1

0

Karte 58

Nattwerder

A 10

12°56'

59/10 Yachthafen Ringel

Großer Zernsee

Golm

Windmühlenberg
74,5

Bornim

13°

POTSDAM

Krongut
Bornstedt

59/20 Marina Zernsee

Marina Havelauen

Bornstedt

Schloss
Sanssouci

Bootshaus Ditze

Neues Palais

52°
24'

59/30

59/40

10

5,11

Kuhfort

Karte 60

Marina
Vulkan Werft   59/50

Wildpark West

Cityport Werder   59/60

Werder (Havel)

Wasserwanderrastplatz
Werder   59/70

Yachthafen
Potsdam   60/10

Krüger & Till   59/80

Yachthafen   59/90
Scheunhornweg

12

Potsdamer Havel

Geltow

Anleger
Campingpark
Sanssouci

52°
22'

4,03   59/190

20

Glindow

59/100   Nacht

Glindow-
see

Franzensberg
71,3

15

Wentorf-
graben
(flach)

Petzin-
see   Nacht

Templiner
See

Resort   59/130
Schwielowsee

Nacht

Klein
Wentorf

59/180 Bootsstände +
Fischerei Lechler

Marina Porta Helena
am Campingplatz
Glindowsee   59/110

Petzow

Porta
Elisa

Schwielow-

Caputh

Teilweise nur 0,5 m
Wassertiefe

CaputherSee

52°
20'

Löcknitz

See

Flottstelle

Siedlung
Willichslust

Mittelbusch

Neue
Scheune

Ferch   Wietkiekenberg
125

Lienewitz

Michendorf

0   1   2 km

12°56'

A 10

Ferch

13°

Karte 60

Karte 65

Karte 61

2 km

0 1 2 km

13°12

Durchfahrt verboten

Spanische Allee

Strandbad

Nikolassee

BERLIN

Kreuz Zehlendorf

Berlin Brandenburg

52° 24

Kleinmachnow

Schleuse Kleinmachnow
UKW: 18 ☎ (03 32 03) 5 77 28

Schwanen-werder

GW/W2

Großer Wannsee

Kleiner Wannsee

Motor-Boot-Club Berlin 60/170

Potsdamer Yachtclub 60/205

Pohlesee

Teltowkanal

A 115

Quastenhorn

Kälberwerder

Pfauen-insel

Schwanen-horn

Durchfahrt nur für Klein-fahrzeuge

Wannsee

Stölpchensee

Stölpchensee

Griebnitzkanal

5,12

Steinstücken

Einbahnregelung Griebnitzkanal für Boote über 2 m Breite
Einfahrt vom Stölpchensee nach Süden zu jeder vollen Stunde bis +20 Minuten
Einfahrt vom Teltowkanal Richtung Norden jede ½-Stunde bis +20 Minuten

Schäferberg

103,0

Klein Glienicke

Griebnitz-see

Filmpark Babelsberg

Babelsberg

13°06

Nuthe

12

15

Sacrower Lanke

Meedehorn

Appel-horn

Krug-horn

29 Glienicker Brücke

5,68

Tiefer See

siehe rechts

Nacht

Nacht

Krampnitzsee

Krampnitz

Krampnitzsee

Sacrower See

Sacrow

Heilandskirche

17

Jungfern-see

Heiliger See

Aldi

60/110

60/100

60/90

3,64

Havel

Tankstation Weiße Flotte

Marina am Tiefen See

Freundschaftsinsel

Motorbootclub Potsdam 60/75

5,40

60/45

POTSDAM

Nacht

13°02

Kirchberg

85,3

Neu Fahr-land

Weißer See

Liegestelle Nedlitz 60/140

Nedlitz

4,44

x

60/130

20

Liegestelle Bertinistraße

Lausebusch

Bornim

B 273

Schloss Sanssouci

Neues Palais

25

Potsdamer Havel

Hermanns-werder

60/20 **Marina Inselhotel**

Tankstelle Kiewitt 60/10

Yachthafen Potsdam

Fahr-länder See

52° 26

Karte 58

Karte 59

Karte 62

Karte 63

13°12'

Valentinswerder

62/150

Hakenfelde

Berlin-Spandauer Schifffahrtskanal

1

4,62

Pionierinsel

0,8

Alter Berlin-Spandauer Schifffahrtskanal

Altstadthafen Berlin-Spandau

4,85

61/40

61/20 Bootshaus Eiswerder

Wasserfreunde Spandau 04 (Zitadelle) 61/45

Eiswerder

Spandauer See

Hasselhorst

Schleuse Spandau
UKW: 23
☎ (0 30) 33 08 05 20

Zitadelle

BERLIN

Spandau

km 0,0

Spree-Oder-Wasserstraße

61/50

Ruhlebener Altarm

Spree

52° 32'

Klosterfelde

Anleger Charlottenbrücke Spandau

Ruhleben

Karte 66

Schiffsbunkerstation Gersbeck 61/60

Staaken

Bunkerboot Ara 13 (Nachtliegeplatz) 61/70

5,6

Tiefwerder

Wilhelmstadt

Grimnitz-see

Hahneberg
87,6

Pichelsdorf

Stößen-see

Engelsfelde

Scharfe Lanke

Pichels-see

Pichels-werder

61/80 PSB 24 Stößensee

Marina Lanke Berlin 61/90

Teufelsberg
115

Brandenburg

Berlin

5

Schild-horn

Jürgenlanke

Gatow

G r u n e w a l d

Hohengatow

Hüttenweg

Untere Havel-Wasser straße

Lind-werder

Havelberg
96,7

52° 28'

Kladow

A 115 (AVUS)

Krumme Lanke

Karte 65

10

Havel

Kladower Promenaden-hafen 61/130

Quastenhorn

Imchen

Schwanen-werder

Durchfahrt verboten

Schlachtensee

0   1   2 km

Karte 60

13°10'

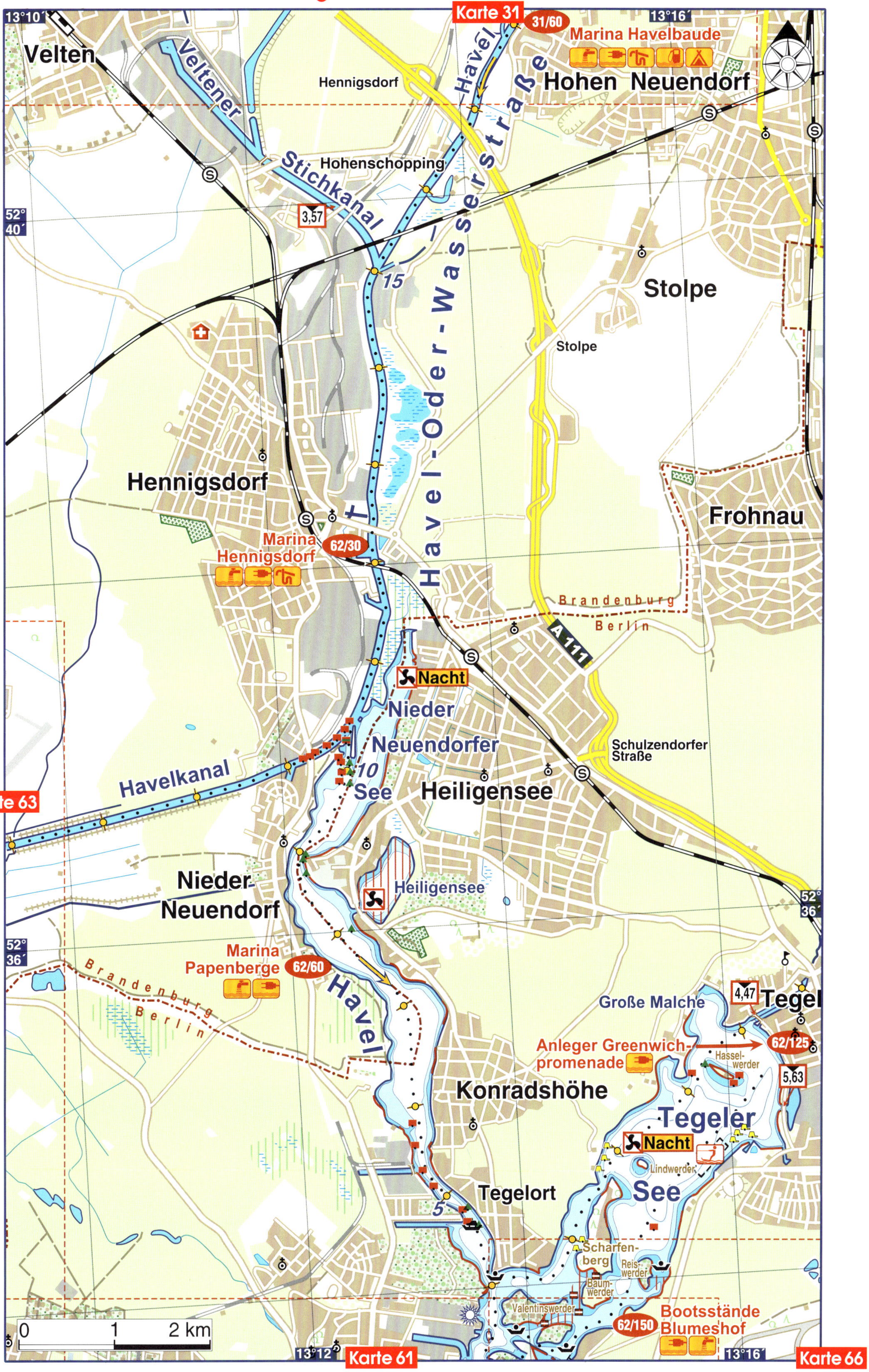
Karte 31
31/60
Marina Havelbaude
13°10´
13°16´
Velten
Veltener
Hennigsdorf
Havel
Hohen Neuendorf
Hohenschopping
Stichkanal
Havel-Oder-Wasserstraße
52° 40´
3,57
15
Stolpe
Stolpe
Hennigsdorf
Frohnau
Marina Hennigsdorf
62/30
Brandenburg
Berlin
A 111
Nacht
Nieder Neuendorfer See
10
Schulzendorfer Straße
Havelkanal
Heiligensee
Karte 63
Nieder Neuendorf
Heiligensee
52° 36´
52° 36´
Marina Papenberge
62/60
Brandenburg
Berlin
Havel
Große Malche
4,47
Tegel
Anleger Greenwich-promenade
62/125
Hassel-werder
5,63
Konradshöhe
Tegeler
Nacht
Lindwerder
See
Tegelort
5
Scharfen-berg
Reis-werder
Baum-werder
Valentinswerder
62/150
Bootsstände Blumeshof
0
1
2 km
13°12´
13°16´
Karte 61
Karte 66

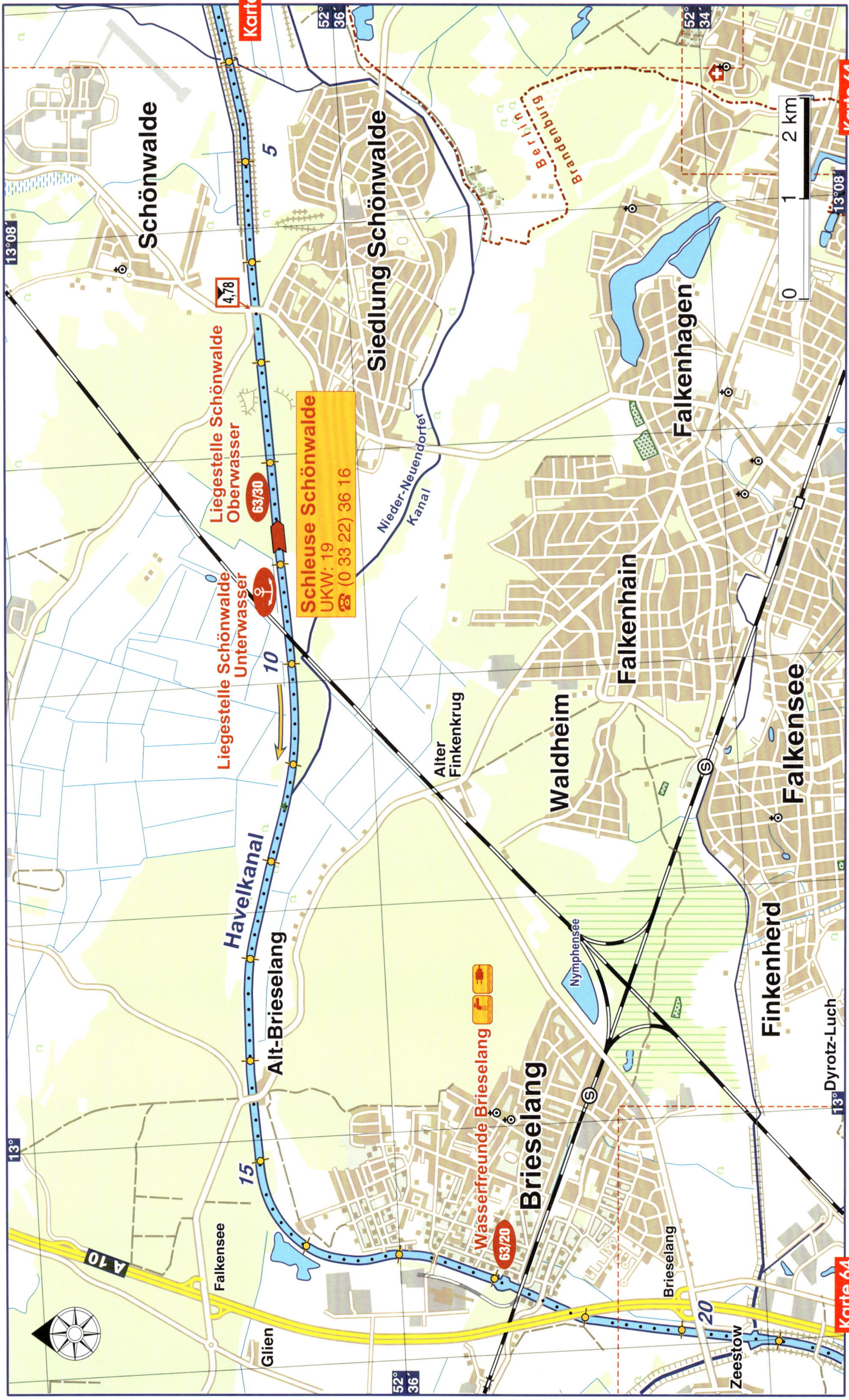

Karte 62

Karte 61

Karte 64

52° 36'

52° 34'

13°08'

13°08'

52° 36'

13°

13°

2 km

1

0

Schönwalde

Siedlung Schönwalde

Berlin

Brandenburg

Falkenhagen

Falkenhain

Falkensee

Waldheim

Finkenherd

Nieder-Neuendorfer Kanal

Alter Finkenkrug

Nymphensee

Dyrotz-Luch

5

4,78

Liegestelle Schönwalde Oberwasser

63/30

Schleuse Schönwalde
UKW: 19
☎ (0 33 22) 36 16

Liegestelle Schönwalde Unterwasser

10

Havelkanal

Alt-Brieselang

15

Wasserfreunde Brieselang

63/20

Brieselang

20

Zeestow

Falkensee

A 10

Glien

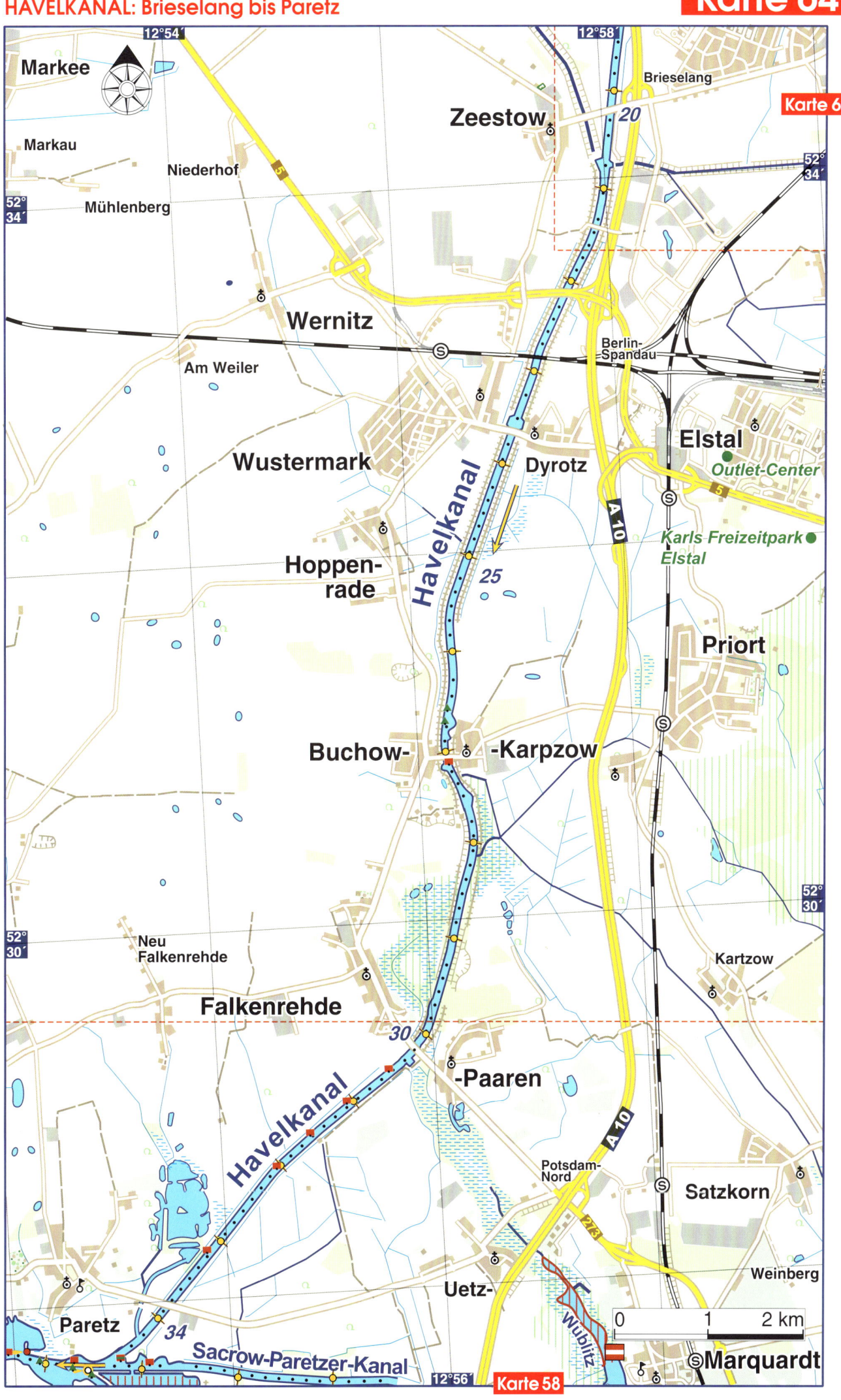

Markee

Markau

Niederhof

Mühlenberg

52°34'

12°54'

Brieselang

Zeestow

12°58'

20

Karte 63

52°34'

Wernitz

Am Weiler

Berlin-Spandau

Wustermark

Dyrotz

Elstal

Outlet-Center

Hoppen-rade

Havelkanal

25

A 10

Karls Freizeitpark Elstal

Priort

Buchow-   -Karpzow

52°30'

Neu Falkenrehde

Kartzow

Falkenrehde

52°30'

30

-Paaren

Havelkanal

Potsdam-Nord

A 10

Satzkorn

Uetz-

Weinberg

0   1   2 km

Wublitz

Paretz

34

Sacrow-Paretzer-Kanal

12°56'

Marquardt

Karte 58

Karte 67

Tempelhof

Teltowkanal

13°24'

25'

65/70

Tempelhofer Hafen

4,5

Mariendorf

96

52° 26'

52° 24'

13°22'

110

2 km

1

0

Marienfelde

MRC Berlin

20

65/50

Lankwitz

Teltowkanal

Osdorf

Berlin
Brandenburg

BERLIN

Lichterfelde

Anleger Steglitz

65/30

15

Seehof

Zehlendorfer
Stichkanal

Stadthafen Teltow

65/20

13°16'

Teltow

Teltowkanal

10

Machnower See

Krumme
Lanke

Schlachtensee

Zehlendorf

Kleinmachnow

Schleuse Kleinmachnow
UKW: 18
☎ (03 32 03) 5 77 28

A 115 (AVUS)

Karte 61

52° 28'

13°16'

Karte 60

52° 24'

Karte 67

Mühlendammschleuse
UKW: 20
☎ (0 30) 2 42 46 95

Stadtverkehr Berlin
km 8,23 bis 12,2 BSK (Westhafen bis Einmündung SOW); Fahrverbot für Sportboote km 14,1 bis 20,7 SOW (Kanzleramtssteg bis Oberbaumbrücke): Fahrverbot für Fahrzeuge mit weniger als 15 PS (11,04 kW, einschließlich muskelbetriebene Fahrzeuge). Ausnahme: Boote mit mehr als 5 PS (3,69 kW), die von einem Schiffsführer mit Sportbootführerschein (oder anderer gültiger Fahrerlaubnis) geführt werden, dürfen dort fahren. km 12,01 bis 17,8 SOW (Lessingbrücke bis Schleuse Mühlendamm): Zwischen 1. April und 31. Oktober Fahrverbot jeweils von 10,30 bis 19 Uhr für Sportboote ohne angemeldetes, zugelassenes und betriebsbereites UKW-Funkgerät (Einfahrt in den Bereich bis 10 Uhr).

Schleuse Plötzensee
UKW: 82
☎ (0 30) 34 35 71 20
(fernbedient)

Unterschleuse UKW: 81
☎ (0 30) 3 12 52 33
Schleusung für Sportboote nur mit Berufsschifffahrt

Der Landwehrkanal ist eine Einbahnstraße. Er darf nur in Ost-West-Richtung befahren werden, das heißt von der Oberschleuse zur Unterschleuse. Ausgenommen sind muskelbetriebene Fahrzeuge und Fahrzeuge mit weniger als 5 PS (3,76 kW).

Neue Schleuse Charlottenburg
Ruh- UKW: 82 ☎ (0 30) 34 35 71 20
Alte Schleuse Charlottenburg
Kein Betrieb

4,10

66/130

66/90

Anleger Spreekanal Mitte

Erbahafen Kreuzberg

Kreuzberg

3,09

Mitte

Spreekanal

3,28

Brandenburger Tor

Anleger Schiffbauerdamm Mitte

66/80

Potsdamer Platz

2/5

Technikmuseum

3,47

96

13°22

Reichstag

Siegessäule

Spree

Bellevue

Zoo

Landwehrkanal

Bahnhof Zoo

66/60

Anleger Neues Ufer, Tiergarten

Anleger Bundesratsufer, Tiergarten

Hauptbahnhof

Tiergarten

Moabit

Wedding

Gesundbrunnen

Berlin-Spandauer Schifffahrtskanal

96

Uni

West-hafen

5,60

5,85

Beusselstr.

66/50

Charlottenb. Verbindungskanal

Plötzensee

4,79

Westhafen-kanal

A 100

66/40

66/30

Spree

9

10

Anleger Iburger Ufer

Anleger Charlottenburger Ufer

Schloss Charlottenburg

Charlottenburg

Kaiserdamm

ZOB

Funkturm

Funkturm

Messe

Kurfürstendamm

Spandauer Damm

Siemensstadt

Kurt-Schumacher-Damm

Hohenzollern-kanal

ehemaliger Flughafen Berlin-Tegel

Kreuz-Reinickendorf

13°18

BERLIN

Bootsstände Blumeshof

62/150

Karte 62

Berlin-Spandauer Schifffahrts-kanal

6,33

Neue Schleuse Charlottenburg

Alte Schleuse Charlottenburg

5

4,62

Spree-Oder-Wasserstraße

Alter Berlin-Spandauer Spree

Schifffahrtskanal

0,8

Karte 61

Valentinswerder

Scharfenberg

Reiswerder

Baumwerder

34

52°

Hasselhorst

leben

Teufelsberg

▲115

52°30'

13°16'

52°32'

52°30'

0   1   2 km

Oberschleuse
UKW: 78
☎ (0 30) 6 12 32 92
Schleusung für Sportboote
nur mit Berufsschifffahrt

Der Landwehrkanal ist eine Einbahnstraße. Er darf nur in Ost-West-Richtung befahren werden, das heißt von der Oberschleuse zur Unterschleuse. Ausgenommen sind lediglich muskelbetriebene Fahrzeuge und Fahrzeuge mit weniger als 5 PS (3,76 kW).

Friedrichshain

4,10

Ostbahnhof

BERLIN

Friedrichsfelde

Tierpark

Karte 66

East-Side Gallery

20

Mercedes-Benz Arena

67/10 Eastern Comfort Hostelboat

Oberbaumbrücke

Berliner Spree

Rummelsburger See

52 30

Anleger Wiener Brücke

67/20 10

Citymarina Berlin

67/60

Karlshorst

A. W. Niemeyer

67/40

Anleger Insel der Jugend

N8

Neuköllner Schiff-

Treptower Spree

25 N9

Durchfahrt zwischen Insel und Ostufer gesperrt

Neukölln

fahrtskanal

Treptow

Oberschönweide

Körner Park

Schleuse Neukölln
(Selbstbedienung)

Dreieck Neukölln-Schönefeld

E71

4,51

Platz am Kaisersteg

28

6

Britzer Verbindungskanal

Poller auf Spündwand und Spielplatz

29

Spräthstraße

Hasselwerder Park

Nieder schönweide

Karte 65

Teltowkanal

Supermarkt NETTO & REWE

Britz

A 113

30

Johannisthaler Chaussee

Karte 68

Teltowkanal

52 26

Stubenrauchstraße

Adlershof

35

52 26

Buckow

Rudow

Gartenstadt Großziethen

0   1   2 km

13°26′   13°28′

Karte 69

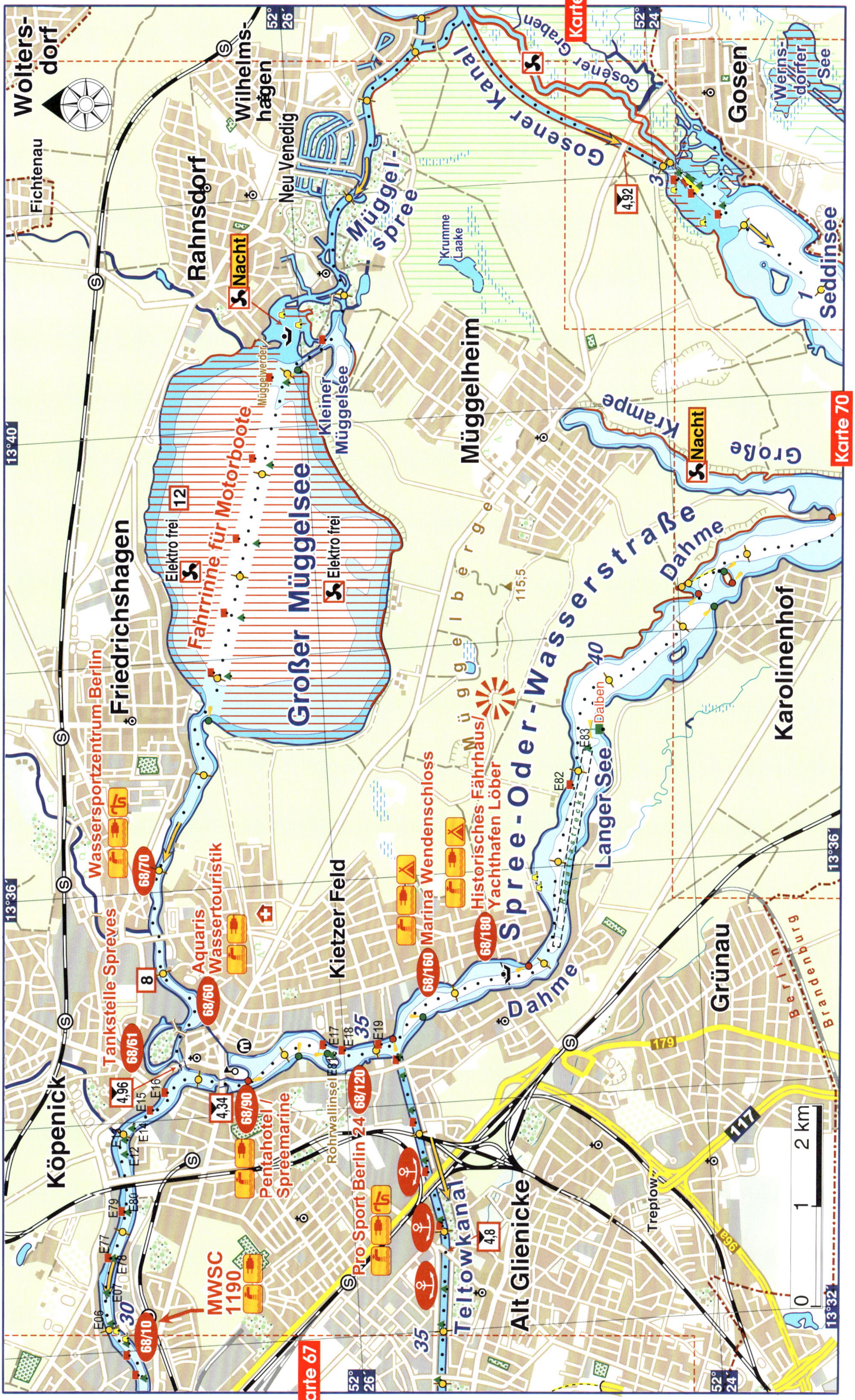

Karte 70

Karte 67

Woltersdorf

Fichtenau

Wilhelmshagen

Rahnsdorf

Neu Venedig

Nacht

Müggel-spree

Krumme Laake

Müggelwerder

Kleiner Müggelsee

Gosener Graben

Gosener Kanal

4,92

3

Gosen

Weinsdorfer See

Seddinsee

1

Friedrichshagen

Wassersportzentrum Berlin

Elektro frei

12

Fahrrinne für Motorboote

Großer Müggelsee

Elektro frei

Müggelheim

Müggelberge

115,5

Große Krampe

Nacht

Dahme

Karolinenhof

Langer See

Spree-Oder-Wasserstraße

40

E83

E82

Dalben

Müggelschlöß-chen Müggelturm

Historisches Fährhaus/ Yachthafen Löber

68/180

Marina Wendenschloss

68/160

Kietzer Feld

E17

E18

35

E19

Aquaris Wassertouristik

68/60

8

Tankstelle Spreves

68/70

Köpenick

4,96

E15

E16

E14

68/61

E13

E12

Rohrwallinsel

E0

Pentahotel / Spreemarine

68/90

4,34

68/120

Pro Sport Berlin 24

E79

E80

MWSC 1190

68/10

30

E0

E77

E78

E06

4,8

Teltowkanal

35

Alt Glienicke

Grünau

179

117

Treptow

Berlin

Brandenburg

13°40'

13°36'

13°36'

13°32'

13°36'

52°26'

52°24'

52°26'

52°24'

2 km

1

0

N

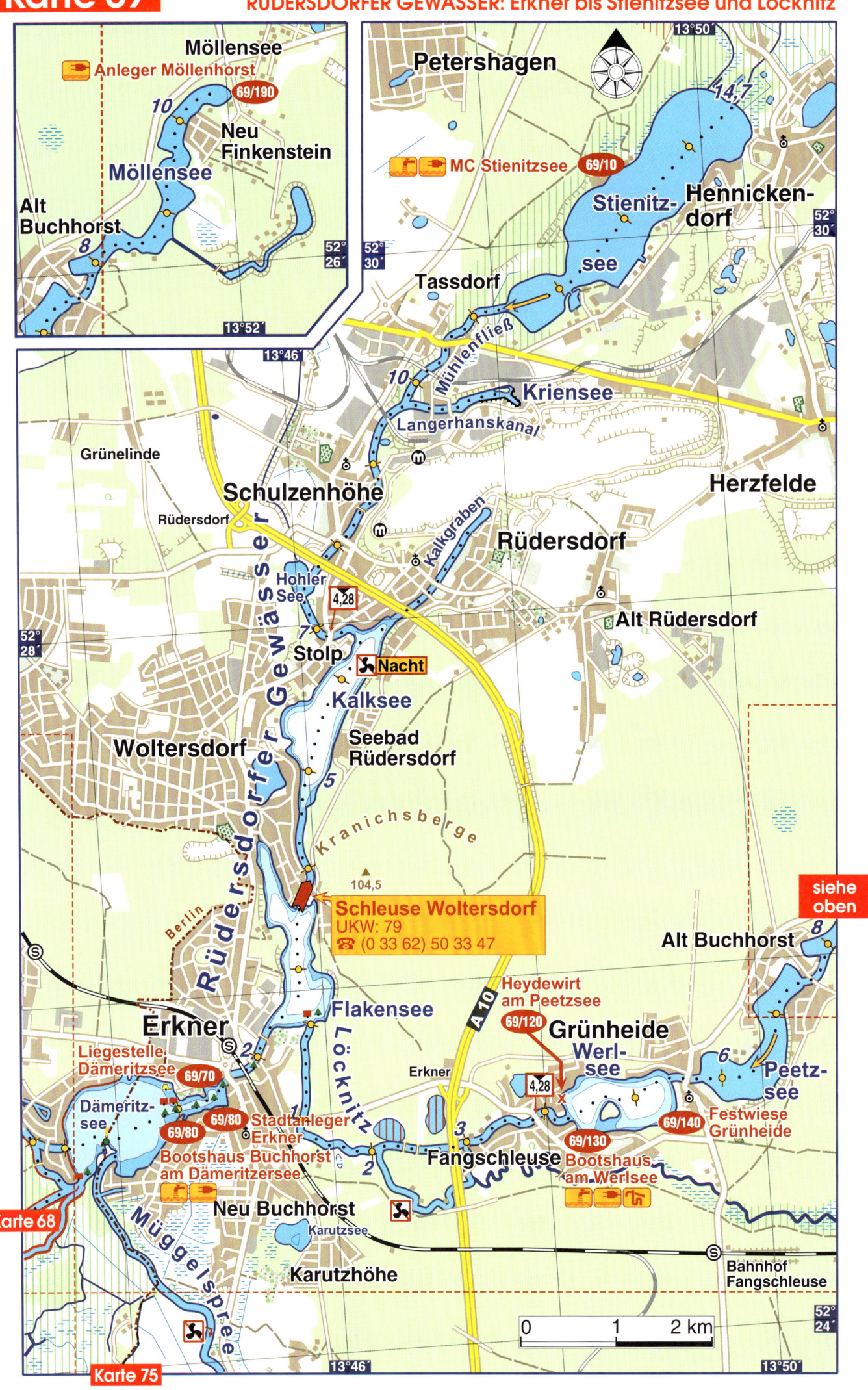

Möllensee

Anleger Möllenhorst

69/190

10

Neu Finkenstein

Möllensee

Alt Buchhorst

8

Petershagen

14,7

MC Stienitzsee **69/10**

Stienitz

Hennicken-
dorf

see

Tassdorf

52°
30'

52°
30'

13°50'

52°
26'

52°
30'

13°52'

13°46'

Grünelinde

Rüdersdorf

Schulzenhöhe

10

Langerhanskanal

Kriensee

Herzfelde

Rüdersdorf

Kalkgraben

Hohler
See

4,28

7

Stolp

Nacht

Alt Rüdersdorf

Kalksee

**Seebad
Rüdersdorf**

52°
28'

Woltersdorf

5

Kranichsberge

Berlin

104,5

Schleuse Woltersdorf
UKW: 79
☎ (0 33 62) 50 33 47

siehe
oben

Alt Buchhorst

8

Heydewirt
am Peetzsee

69/120

Grünheide

**Werl-
see**

Flakensee

Löcknitz

Erkner

4,28

6

**Peetz-
see**

Erkner

2

Liegestelle
Dämeritzsee

69/70

**Dämeritz-
see**

69/80

69/80

1

Stadtanleger
Erkner

2

3

Fangschleuse

69/130

Bootshaus
am Werlsee

69/140

Festwiese
Grünheide

Bootshaus Buchhorst
am Dämeritzsee

Karte 68

Müggelspree

Neu Buchhorst

Karutzsee

Karutzhöhe

Bahnhof
Fangschleuse

52°
24'

Karte 75

13°46'

13°50'

0   1   2 km

52°24' 13°36'

Karte 68

Dahme

Große Krampe

13°40'

Gosen

Karolinenhof

Nacht

Wernsdorfer See

Seddinsee

Werderchen Weidenwall
Windecke

TSG 1898 70/30

Spree-Oder-Wasserstraße

Karte 75

Schmöckwitz

Yachthafen Schmöckwitz 70/50
Anleger Schmöckwitz-Köpenick 70/70

45

Yachthafen Das Schmöckwitz 70/120
Schmöckwitzwerder

4,28

8

Eichwalde

4,69

1

Krossinsee

Schmöck-witzer

Wernsdorf

Zeuthener

Werder

Zeuthen

Brandenburg Berlin

3

Schleuse Wernsdorf
UKW: 62
☎ (0 33 62) 82 02 25

Großer Zug

Ziegenhals

12

Zeuthener Wall

Bootshaus Roll 70/90

See

3

Wernsdorfer Seenkette

1

Falkenhorst

5

Sellenzugsee

52°20'

Seehotel Zeuthen 70/160

Wildau

Möllenzugsee

Niederlehme

A 10

Niederlehme

Villa am See
Klubhaus & Hafen 70/175

70/180 Marineservice Niederlehme

Nacht

Königs Wusterhausen

Dahme

Zernsdorfer Lankensee

4,12

Hafen und Tankstelle
Königs Wusterhausen 70/190

Zernsdorf

Schleuse Königs Wusterhausen
☎ (0151) 42 62 24 97

2,50

Fischerei Aurora 71/20

Marina Zernsdorf

52°18'

Neue Mühle

10

Krüpelsee

71/15

Schleuse Neue Mühle
☎ (0 33 75) 29 36 86

Krimnicksee

Nacht

Karte 71

Nottekanal

Königs Wusterhausen

Krebssee

71/10 Seebrücke Senzig

Schenkendorf

Senzig

Zeesen

Siedlung Waldesruh

0   1   2 km

13°36'

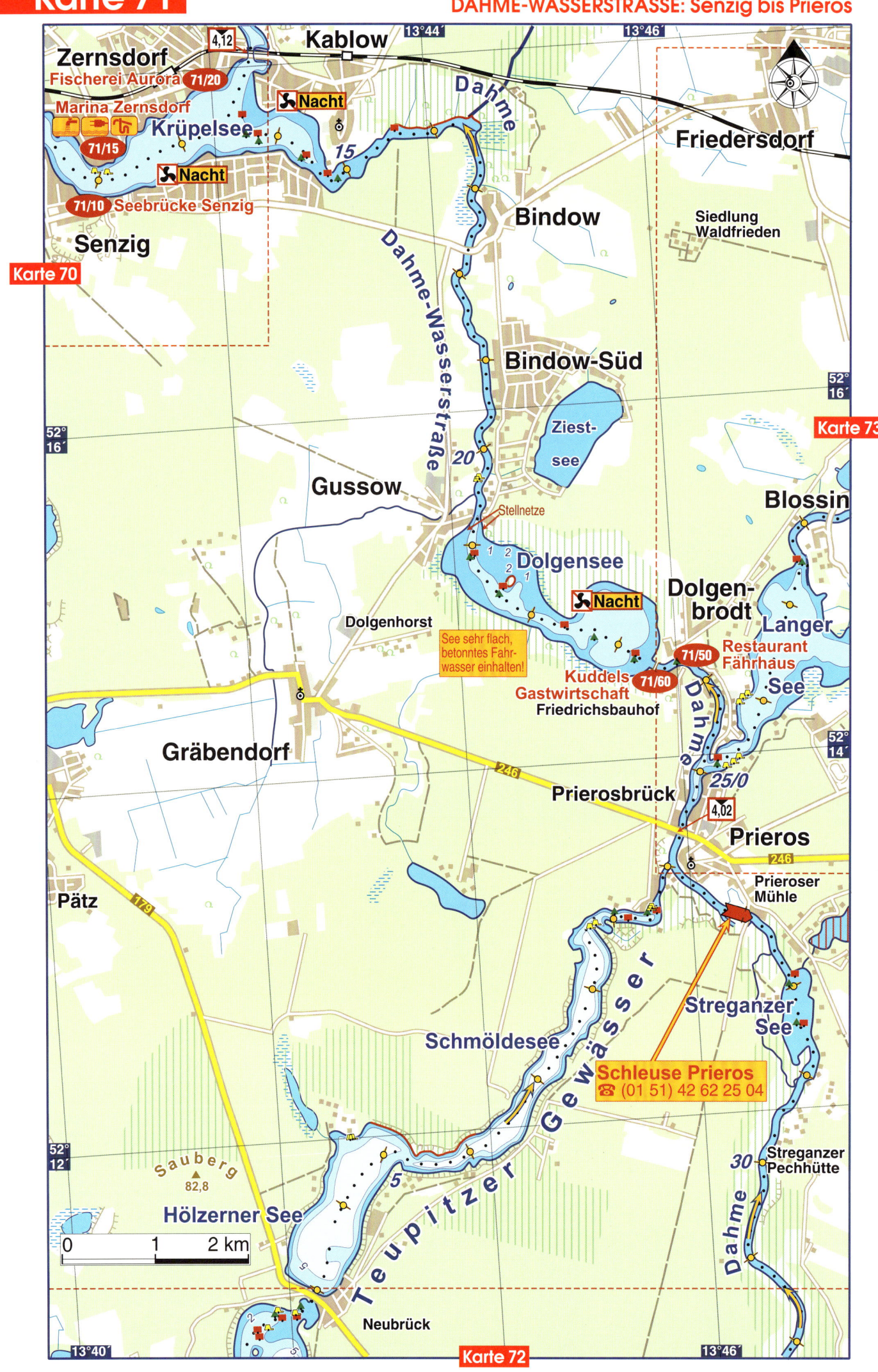

Zernsdorf

Fischerei Aurora **71/20**

Marina Zernsdorf **71/15**

Krüpelsee

4,12

Kablow

13°44'

13°46'

Nacht 15

Dahme

Dahme-Wasserstraße

Bindow

Siedlung Waldfrieden

Friedersdorf

52° 16'

Nacht

71/10 Seebrücke Senzig

Senzig

Karte 70

52° 16'

Bindow-Süd

Ziest-see

Karte 73

Gussow

20

Stellnetze

Dolgensee

Blossin

Dolgen-brodt

Dolgenhorst

Nacht

Langer

See sehr flach, betonntes Fahrwasser einhalten!

Restaurant Fährhaus

71/50

Gräbendorf

Kuddels Gastwirtschaft **71/60**

Friedrichsbauhof

See

52° 14'

246

Dahme

25/0

Prierosbrück

4,02

Prieros

246

Prieroser Mühle

Pätz

179

Schmöldesee

Streganzer See

Schleuse Prieros ☎ (01 51) 42 62 25 04

Teupitzer Gewässer

52° 12'

Sauberg 82,8

5

30 Streganzer Pechhütte

Hölzerner See

0 1 2 km

Dahme

Neubrück

13°40'

Karte 72

13°46'

Karte 71

Karte 84

Biwakplatz

72/150

Dahme

Nacht

3,5

35

40

13°46'

52° 08'

13°44'

13°46'

Schleuse Hermsdorfer Mühle ☎ (03 37 64) 8 02 63

Hermsdorfer Mühle

Hammer

179

Neubrück

Klein Köris

Märkisch Buchholz

Halbe

Heidesee

Klein Köriser See

Wilhelminenhof

7

10

Moddergraben

Großer Moddersee

Kleiner Moddersee

Löpten

13°40'

Güldensee

Groß Köris

Groß Köris

Teuplitz

Teuplitz

3,86

Schwerin

Schulzensee

A 13

Biergarten Sunshine

Mielitzsee

Hohe Bude

68,2

Teupitz

Kohlgarten

Hafen Teupitz

72/40

Schweriner Horst

Zemminsee

Schweriner See

15

15

72/20

Teupitzer See

Relaxcamping

Egs-dorfer Horst

72/10

Neuendorf

Tornow

Waldeck

Egs-dorf

13°36'

52° 10'

Zugbrücke ▸ 1,50 m

Durchfahrtshöhe geschlossen:

Öffnung:
April: 11 und 16 Uhr
Mai: 11, 15 und 17 Uhr
Juni - August: 9, 12, 15 und 18 Uhr
September: 11, 15 und 17 Uhr
Oktober: 11 und 17 Uhr
November - März: keine
Brückenöffnungszeiten
☎ (01 70) 4 70 03 01

0   1   2 km

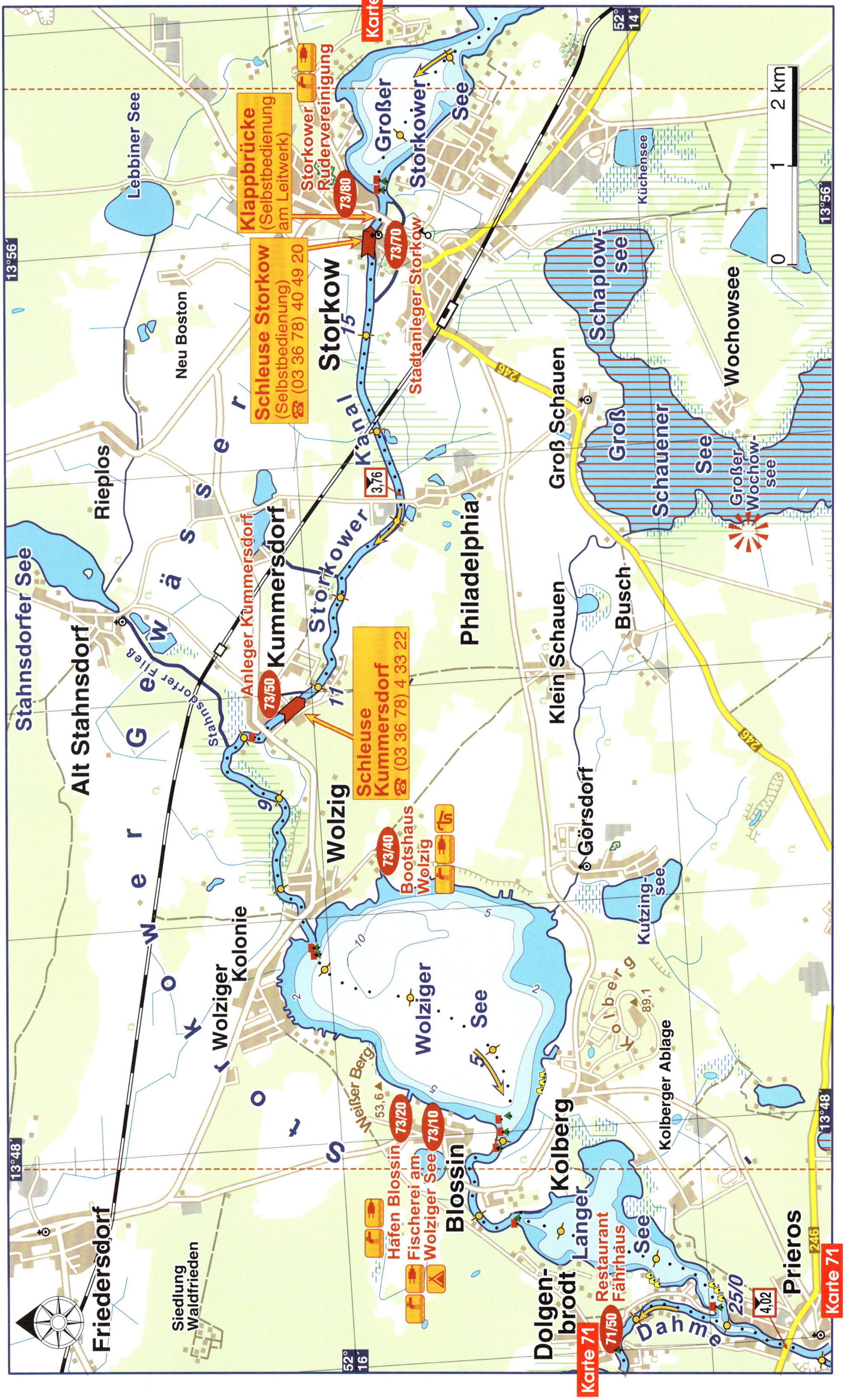

Karte 74

Lebbiner See

Neu Boston

Klappbrücke (Selbstbedienung am Leitwerk)

Storkower Rudervereinigung

73/80

73/70

Großer Storkower See

Storkower

Schleuse Storkow (Selbstbedienung) ☎ (03 36 78) 40 49 20

Storkow

Stadtanleger Storkow

Rieplos

W ä s s e r

246

Schaplow-see

Küchensee

Groß Schauen

Wochowsee

Stahnsdorfer See

Stahnsdorfer Fließ

3.76

Kummersdorf

Philadelphia

Groß Schauener See

Großer Wochow-see

Alt Stahnsdorf

Anleger Kummersdorf

73/50

Storkower Kanal

Klein Schauen

Busch-

Schleuse Kummersdorf ☎ (03 36 78) 4 33 22

Wolzig

9

Görsdorf

246

G e w ä s s e r

73/40

Bootshaus Wolzig

Kutzing-see

Wolziger Kolonie

Weißer Berg

Wolziger See

10

2

5

Kolberg

89,1

Kolberger Ablage

5

2

Friedersdorf

Siedlung Waldfrieden

53,6

73/20

73/10

Häfen Blossin

Fischerei am Wolziger See

Blossin

Kolberg

Langer See

Dolgen-brodt

Restaurant Fährhaus

71/50

Karte 71

Dahme

25/0

4.02

Prieros

246

Karte 71

Karte 71

N

2 km

1

0

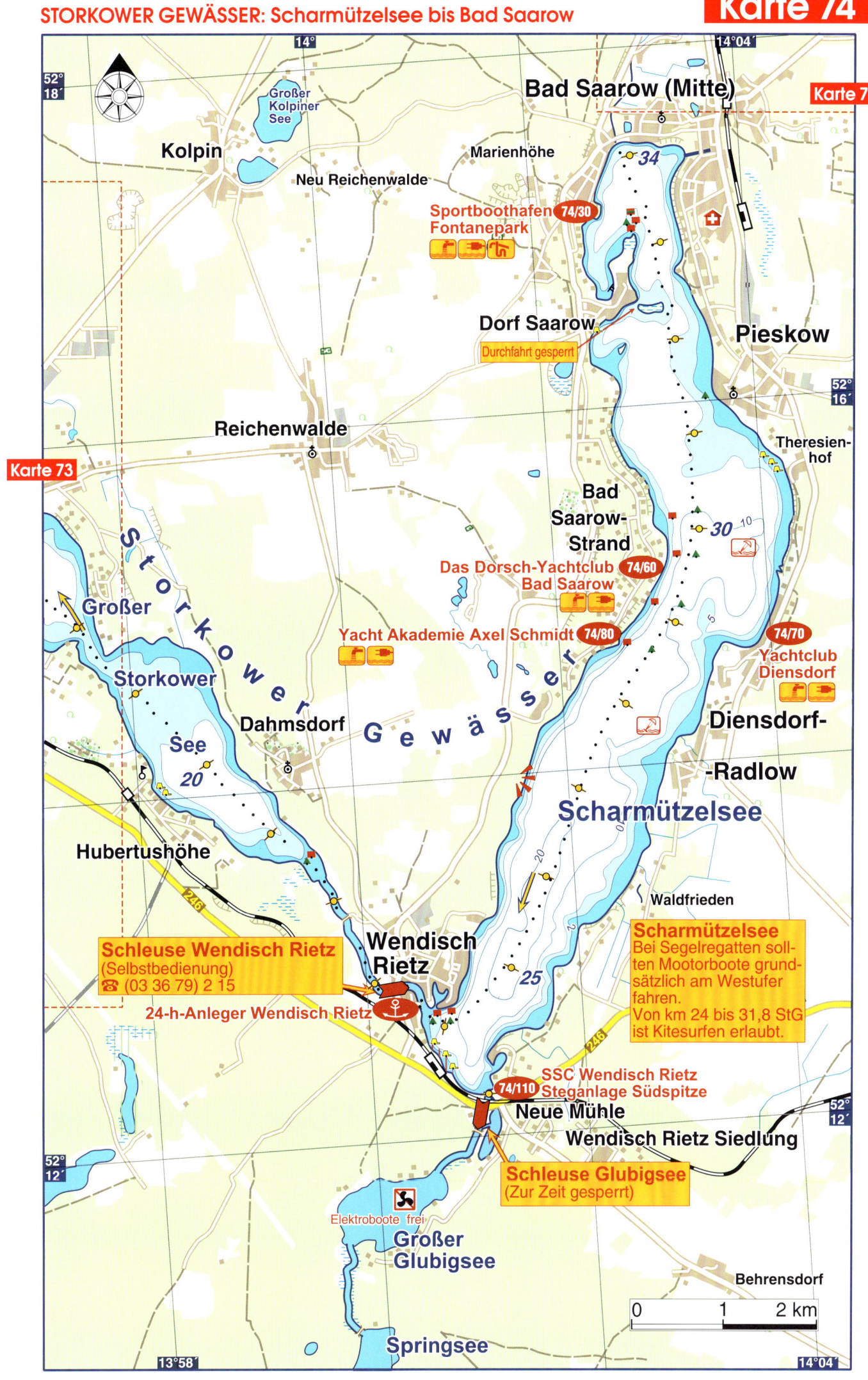

Großer
Kolpiner
See

Kolpin

Neu Reichenwalde

Bad Saarow (Mitte)

Marienhöhe

Pieskow

34

Sportboothafen **74/30**
Fontanepark

Dorf Saarow

Durchfahrt gesperrt

Reichenwalde

Karte 73

52°
16′

Theresien-
hof

Bad
Saarow-
Strand

30   10

Das Dorsch-Yachtclub **74/60**
Bad Saarow

Yacht Akademie Axel Schmidt **74/80**

74/70
Yachtclub
Diensdorf

Großer

Storkower

5

Diensdorf-
-Radlow

Storkower

See

20

Dahmsdorf

Scharmützelsee

Hubertushöhe

20

246

Waldfrieden

Schleuse Wendisch Rietz
(Selbstbedienung)
☎ (03 36 79) 2 15

**Wendisch
Rietz**

25

Scharmützelsee
Bei Segelregatten soll-
ten Mootorboote grund-
sätzlich am Westufer
fahren.
Von km 24 bis 31,8 StG
ist Kitesurfen erlaubt.

24-h-Anleger Wendisch Rietz

⚓

246

SSC Wendisch Rietz
Steganlage Südspitze

74/110

Neue Mühle

52°
12′

Wendisch Rietz Siedlung

52°
12′

Schleuse Glubigsee
(Zur Zeit gesperrt)

Elektroboote frei

Großer
Glubigsee

Behrensdorf

0   1   2 km

13°58′

Springsee

14°04′

Karte 69

Karte 68

Karte 70

Neu Mönch-winkel

Spreewerder

Störitzsee

Spreeau

Storkowfurt

Sievers-lake

Neu Hart-mannsdorf

Latzwall

Hartmannsdorf

Freienbrink

Tesla Fabrik

Freienbrink

Hohenbinde

Jäger-bude

Steinfurth

Krengelsberge

57,3

Stahlberg

85,3

Burig

Müggelspree

Neu Zittau

S p r e e - O d e r - W a s s e r s t r a ß e - K a n a l

Oder-Spree-

A 10

Gosen

Wernsdorfer See

Seddinsee

3

4,92

1

Yachthafen Das Schmöckwitz

Spree-Oder-Wasserstraße

70/120

8

4,28

Schmöckwitz-werder

Krossinsee

Wernsdorf

Ziegenhals

Schleuse Wernsdorf
UKW: 62
☎ (0 33 62) 82 02 25

0 1 2 km

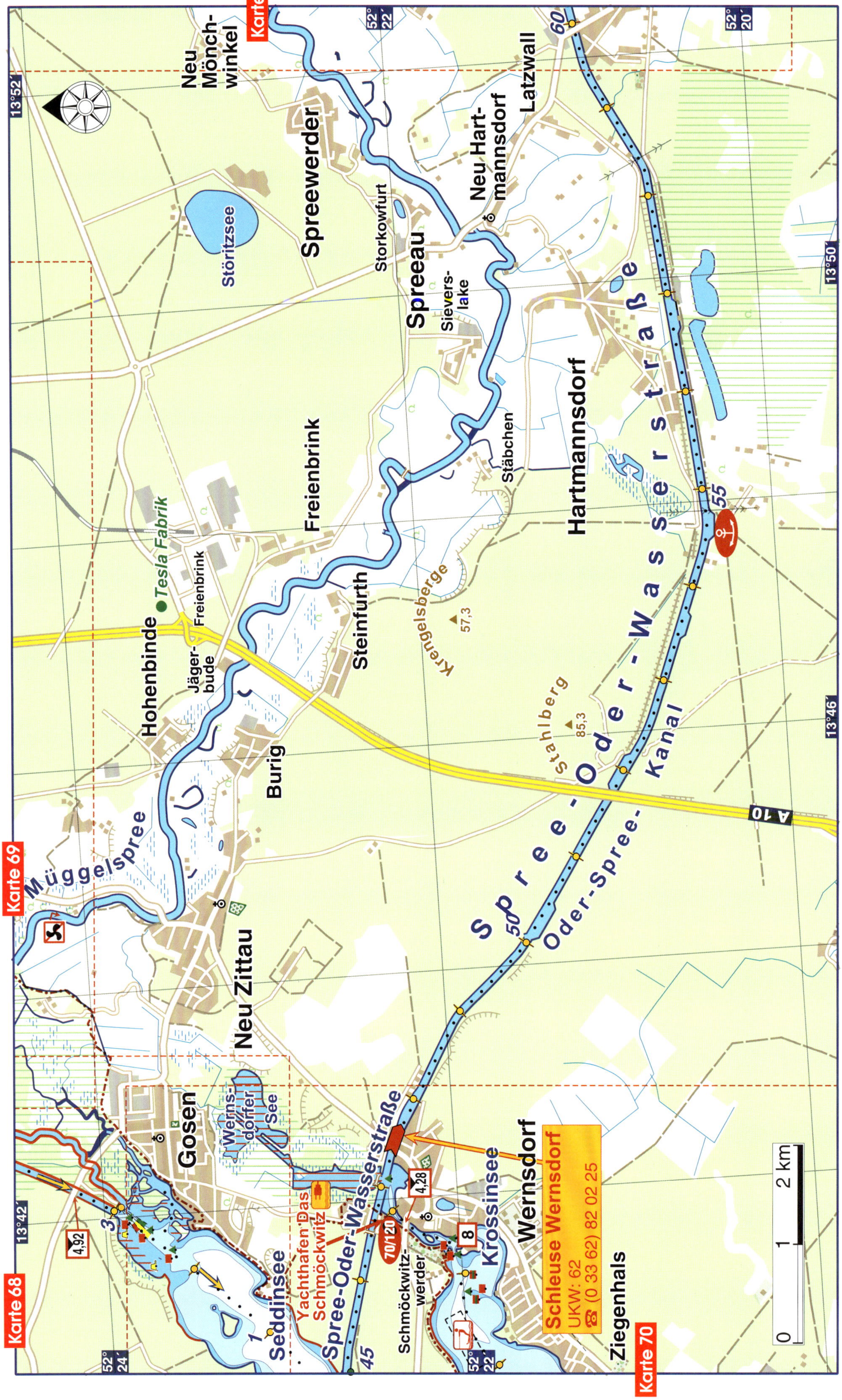

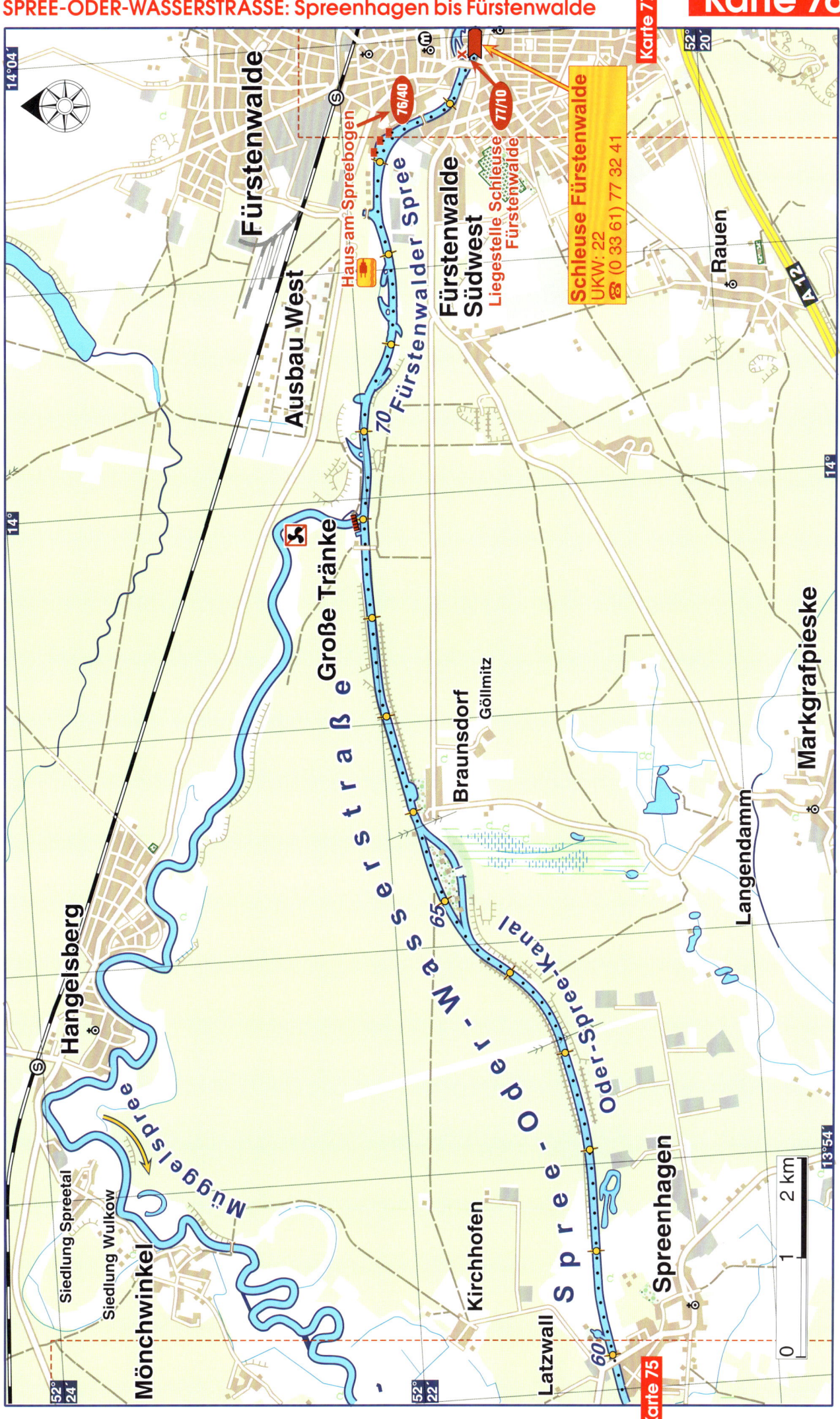

Karte 77

14°04'

52°20'

14°

14°

Rauen

A12

Fürstenwalde

Ausbau West

Fürstenwalde Südwest

Haus am Spreebogen

76/40

77/10

Schleuse Fürstenwalde
UKW: 22
☎ (0 33 61) 77 32 41

Liegestelle Schleuse Fürstenwalde

70 Fürstenwalder Spree

Große Tränke

Braunsdorf

Göllmitz

77/10

Spree-Oder-Wasserstraße

65

Oder-Spree-Kanal

Markgrafpieske

Langendamm

Hangelsberg

Siedlung Spreetal

Siedlung Wulkow

Müggelspree

Mönchwinkel

Kirchhofen

Latzwall

601

Spreenhagen

52°24'

52°22'

13°54'

0   1   2 km

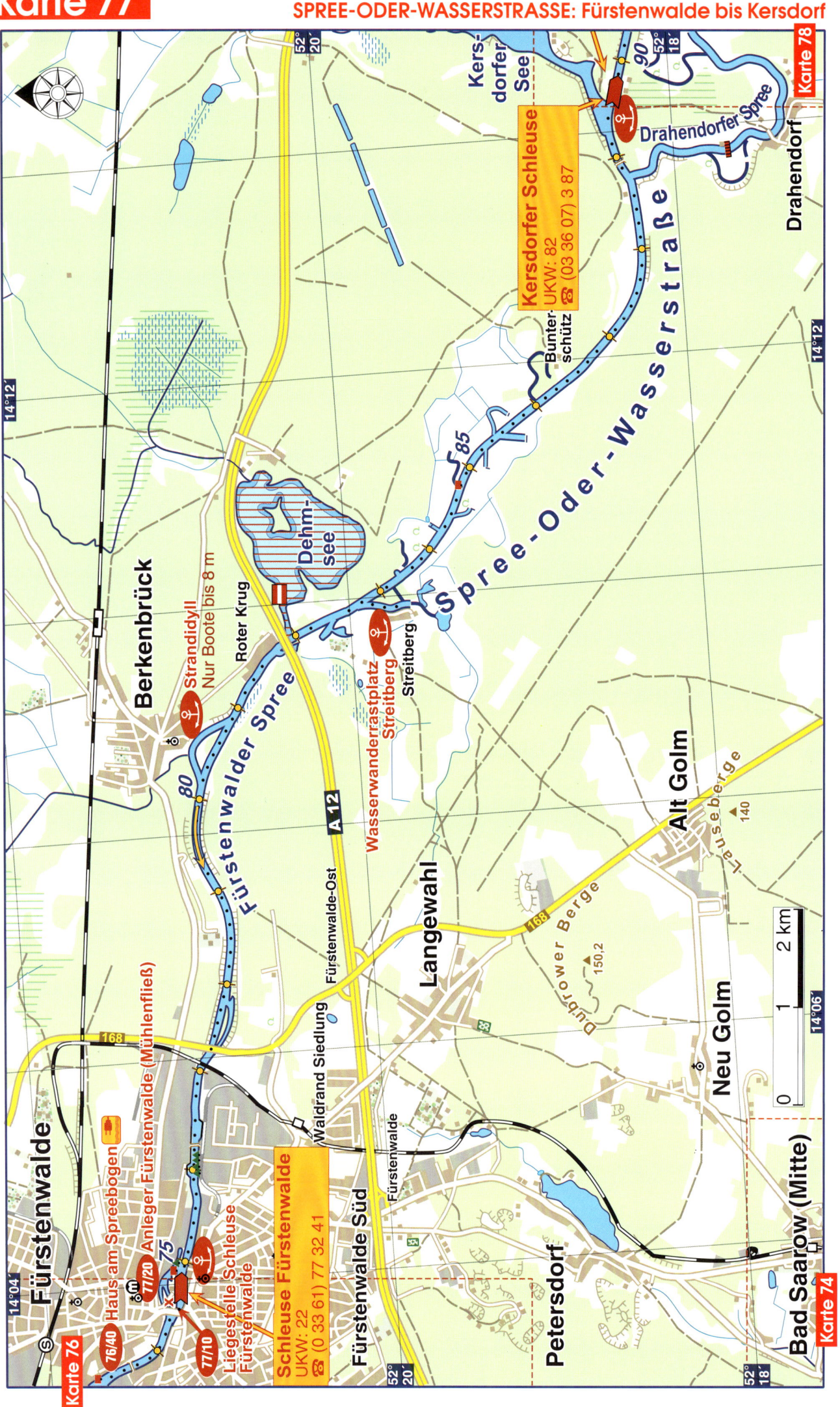

Karte 78

Kers-
dorfer
See

Drahendorfer Spree

Drahendorf

Kersdorfer Schleuse
UKW: 82
☎ (03 36 07) 3 87

Bunter-
schütz

85

S p r e e - O d e r - W a s s e r s t r a ß e

14°12'

Dehm-
see

Berkenbrück

Strandidyll
Nur Boote bis 8 m

Roter Krug

Wasserwanderrastplatz
Streitberg

Streitberg

80

Fürstenwalder Spree

A 12

Alt Golm

Neu Golm

Leuseberge

140

Dubrower Berge

150,2

168

Langewahl

Fürstenwalde-Ost

Waldrand Siedlung

Fürstenwalde

Fürstenwalde Süd

Petersdorf

Bad Saarow (Mitte)

Karte 74

14°12'

14°06'

2 km

1

0

52°18'

Karte 76

Fürstenwalde

14°04'

Haus am Spreebogen

Anleger Fürstenwalde (Mühlenfließ)

75

Liegestelle Schleuse Fürstenwalde

Schleuse Fürstenwalde
UKW: 22
☎ (0 33 61) 77 32 41

76/40

77/20

77/10

52°20'

52°20'

52°18'

14°12'

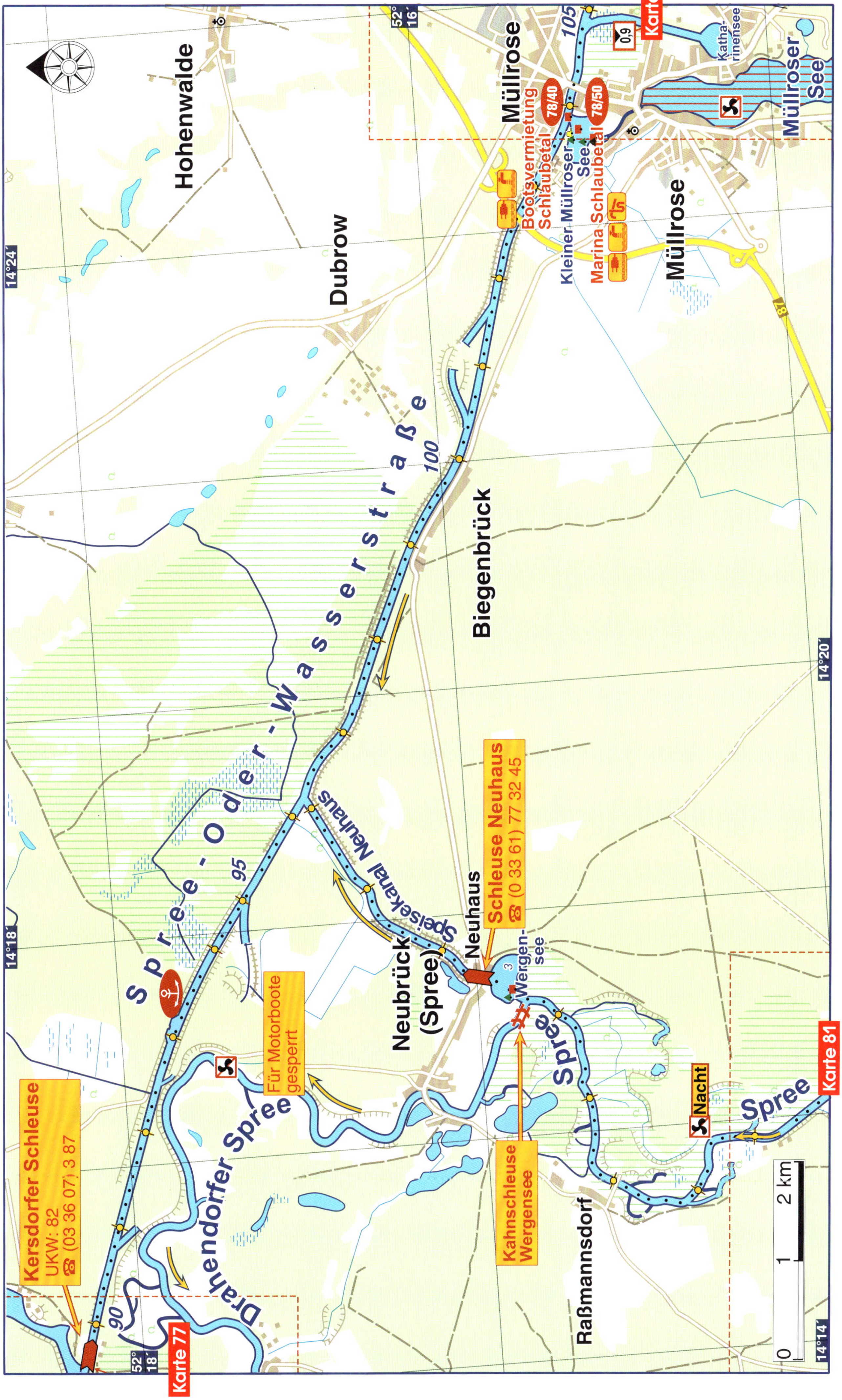

Karte 79

Hohenwalde

14°24'

52° 16'

Müllrose

105

0,9

Katha-rinensee

Müllroser See

Dubrow

Bootsvermietung Schlaubetal

78/40

78/50

Kleiner Müllroser See

Marina Schlaubetal

Müllrose

87

S p r e e - O d e r - W a s s e r s t r a ß e

100

Biegenbrück

14°20'

95

Speisekanal Neuhaus

Schleuse Neuhaus
☎ (0 33 61) 77 32 45

Neuhaus

Neubrück (Spree)

14°18'

Für Motorboote gesperrt

3

Wergen-see

Spree

Kersdorfer Schleuse
UKW: 82
☎ (03 36 07) 3 87

Drahendorfer Spree

Kahnschleuse Wergensee

Nacht

Spree

Raßmannsdorf

Karte 81

Spree

90

52° 18'

Karte 77

14°14'

0 1 2 km

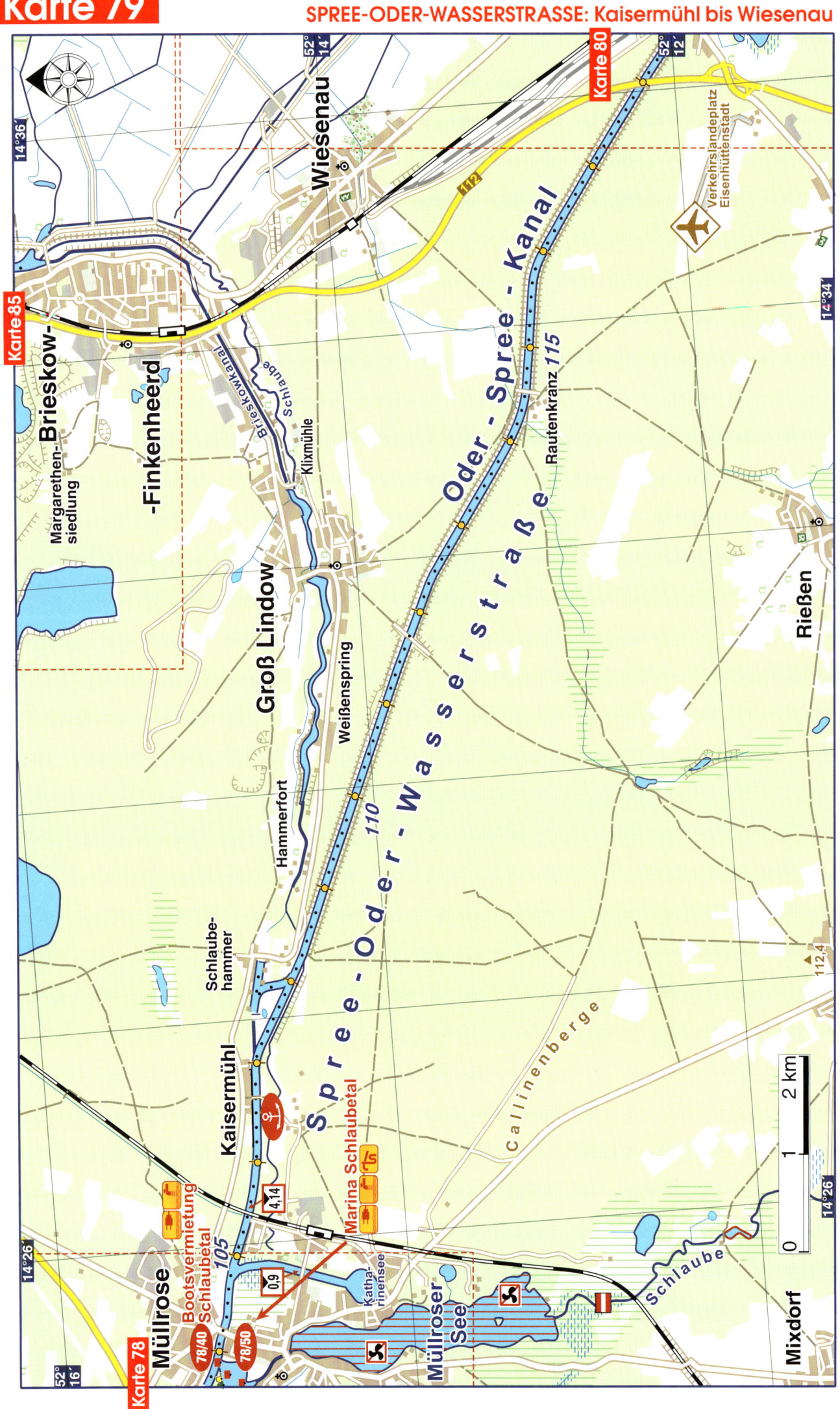

Karte 80

Karte 85

Karte 78

Wiesenau

Brieskow-
-Finkenheerd

Margarethen-
siedlung

Brieskowkanal

Schlaube

Klixmühle

Groß Lindow

Weißenspring

Hammerfort

Schlaube-
hammer

Kaisermühl

Marina Schlaubetal

Oder - Spree - Kanal

Rautenkranz 115

S p r e e - O d e r - W a s s e r s t r a ß e

110

Callinenberge

112,4

Rießen

Mixdorf

Schlaube

Verkehrslandeplatz
Eisenhüttenstadt

Müllrose

Bootsvermietung
Schlaubetal

105

4.14

0,9

78/40

78/50

Katha-
rinensee

Müllroser See

2 km

1

0

14°36'

14°34'

14°26'

52° 14'

52° 12'

52° 16'

Karte 85

14°38'

Aurith

565

Ernst-Thälmann-
Siedlung

Wiesenau

D E U T S C H L A N D

Karte 79

Ziltendorf

52°
12'

560

120

P O L E N

Pohlitzer
Mühle

Vogelsang

Oder

52°
10'

Spree-Oder-Wasserstraße

Oder-Spree-Kanal

112

555

Bollwerk ESH-
Fürstenberg

Eisenhüttenstadt

130

MYC Eisenhüttenstadt

80/10

125

80/20

Liegestelle
Vialithafen

80/60

246

Fürstenberg

52°
08'

80/40

Alter
Stadthafen

P O L E N

112

Schachtschleuse
Eisenhüttenstadt
UKW: 20
☎ (0 33 64) 4 08 54 20

Kłopot

0   1   2 km

Diehlo

14°36'

14°42'

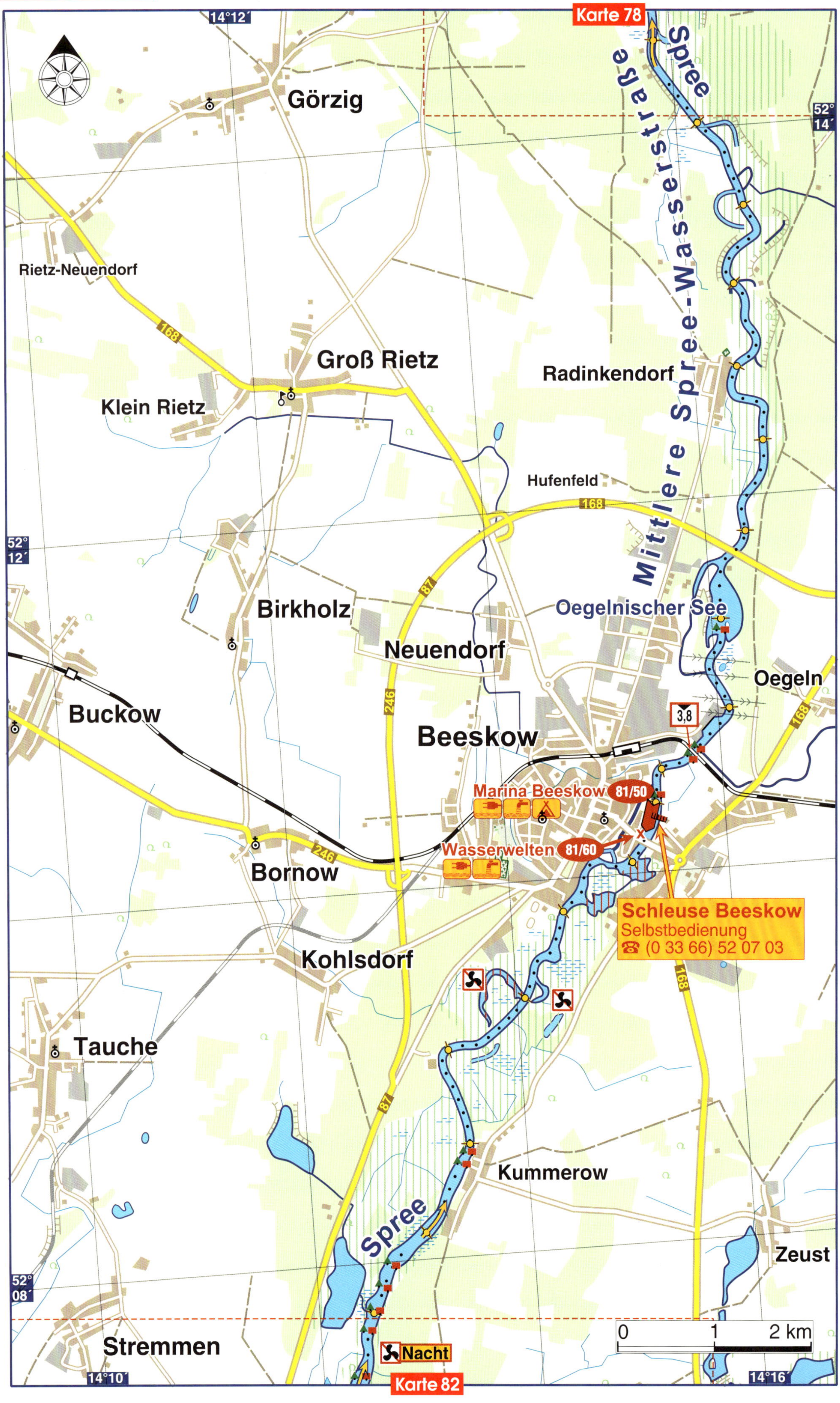

Karte 78

14°12'

52°14'

Görzig

Rietz-Neuendorf

168

Groß Rietz

Klein Rietz

Radinkendorf

Hufenfeld

168

52°12'

Birkholz

Oegelnischer See

Neuendorf

87

Oegeln

168

Buckow

3,8

Beeskow

Marina Beeskow 81/50

246

Wasserwelten 81/60

Bornow

Schleuse Beeskow
Selbstbedienung
☎ (0 33 66) 52 07 03

Kohlsdorf

168

Tauche

87

Kummerow

Zeust

Spree

52°08'

Stremmen

🚶 Nacht

0   1   2 km

14°10'

Karte 82

14°16'

Mittlere Spree-Wasserstraße

Spree

Karte 81

Stremmen

Ranzig

Ranziger See

Karte 83

Rocher

Spree

Trebatsch

Neue Spree

Sabrodt

Alte Spree

Kitesurfen ist auf der ganzen Fläche des Schwielowsees erlaubt, außer in Buchten und auf Nebenseen.

Sawall

Spree

Swietenberg
61,8

Mittweide

Leißnitzsee

Glower See

Glowe

Reusen

Marina Schwielochsee **82/65**

-Zaue

Ressen-

Durchfahrt für Motorboote gesperrt!

6

Kuhnshof

Personenfähre
Vor Durchfahrt warten bis Seilspannung weg ist. Auf den Fährmann achten!

Nacht

82/10 Marina Leißnitz

Leißnitz

Sarkow

Möllener Bucht

82/20   Möllen

Schwielochsee Camping Niewisch

Niewisch

Schwieloch-

see

1,5

Pieskow

Speichrow

1,3

Steine

Jessern

Netze

82/30 Motor-Yacht & Wasserskiclub Schwielochsee

Netze

Kleiner Schwielochsee

Netze

Goyatz

Guhlen

Hafen Goyatz **82/50**

82/35   Seglergemeinschaft Schwielochsee

Hoffnungsbay

Dober-burg

0   1   2 km

MITTLERE SPREE-WASSERSTRASSE: Briescht bis Alt Schadow

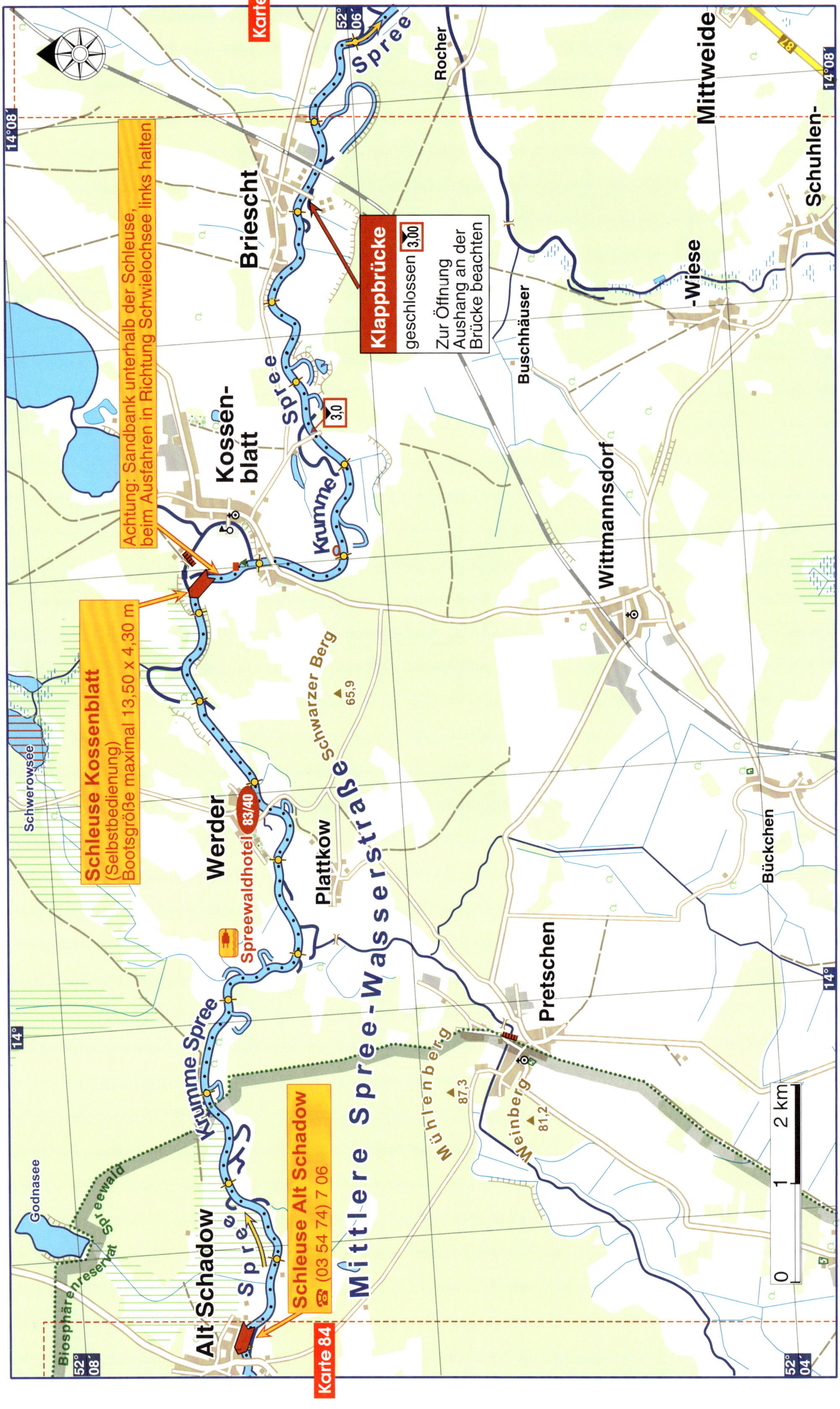
Karte 82
Karte 84
Spree
Krumme Spree
Mittlere Spree-Wasserstraße
Briescht
Kossen-
blatt
Werder
Plattkow
Alt Schadow
Pretschen
Wittmannsdorf
Buschhäuser
-Wiese
Mittweide
Schuhlen-
Rocher
Bückchen
Schwerowsee
Godnasee
Biosphärenreservat Spreewald
Schwarzer Berg
65,9
Mühlenberg
87,3
Weinberg
81,2
87
Spreewaldhotel
83/40
3,0
Klappbrücke
3,00
geschlossen
Zur Öffnung
Aushang an der
Brücke beachten
Achtung: Sandbank unterhalb der Schleuse,
beim Ausfahren in Richtung Schwielochsee links halten
Schleuse Kossenblatt
(Selbstbedienung)
Bootsgröße maximal 13,50 x 4,30 m
Schleuse Alt Schadow
☎ (03 54 74) 7 06
52° 06'
52° 08'
52° 04'
14°08'
14°
0
1
2 km

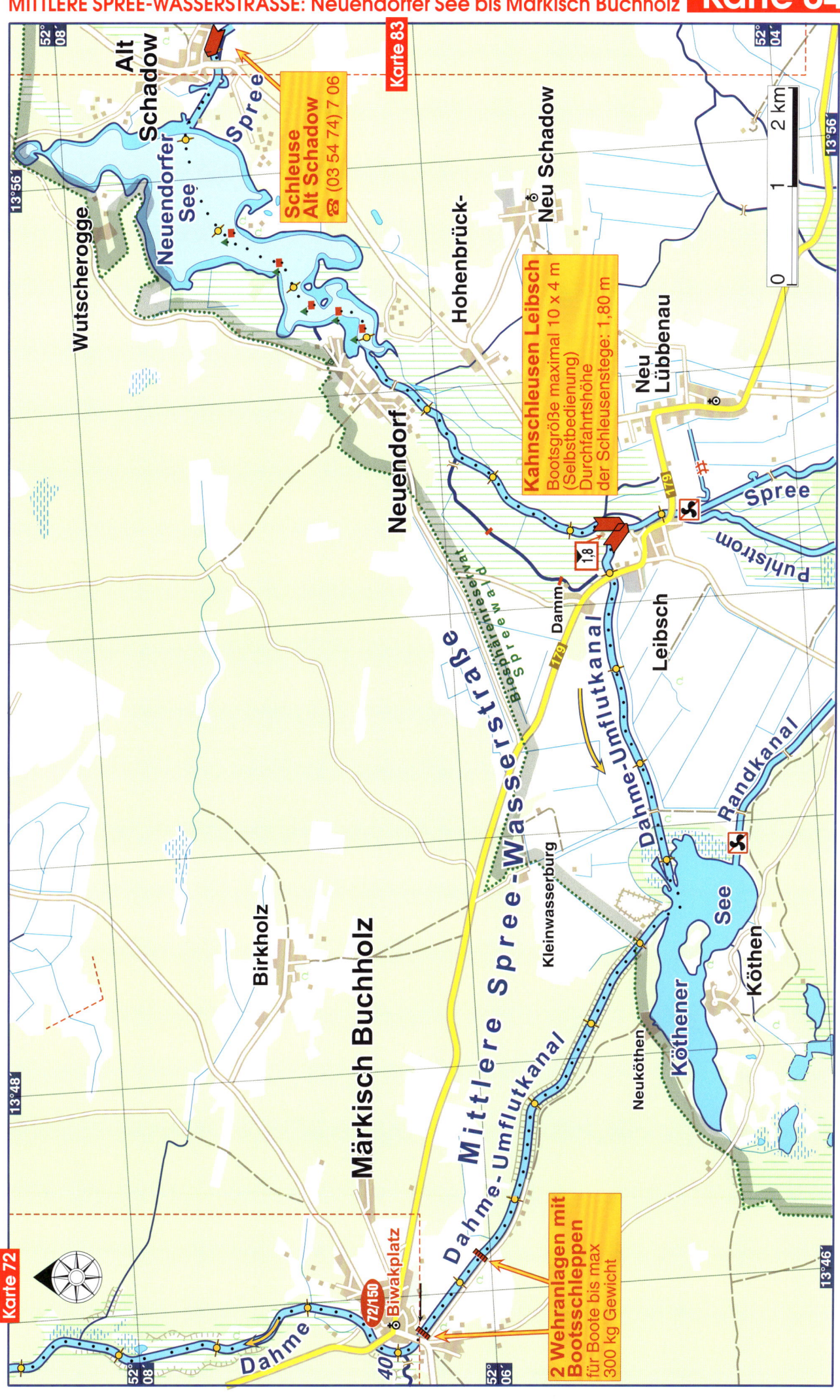

Alt Schadow

Neuendorfer See

Spree

Schleuse Alt Schadow
☎ (03 54 74) 7 06

Wutscherogge

Karte 83

Neu Schadow

Hohenbrück-

Neu Lübbenau

Kahnschleusen Leibsch
Bootsgröße maximal 10 x 4 m
(Selbstbedienung)
Durchfahrtshöhe
der Schleusenstege: 1,80 m

179

Spree

Puhlstrom

1,8

Leibsch

Neuendorf

M i t t l e r e   S p r e e - W a s s e r s t r a ß e

B i o s p h ä r e n r e s e r v a t   S p r e e w a l d

179

Damm

Randkanal

Dahme-Umflutkanal

Köthener See

Kleinwasserburg

Köthen

Birkholz

Märkisch Buchholz

D a h m e - U m f l u t k a n a l

Neuköthen

Neuköthen

Karte 72

72/150

Biwakplatz

40

2 Wehranlagen mit Bootsschleppen
für Boote bis max
300 kg Gewicht

Dahme

0   1   2 km

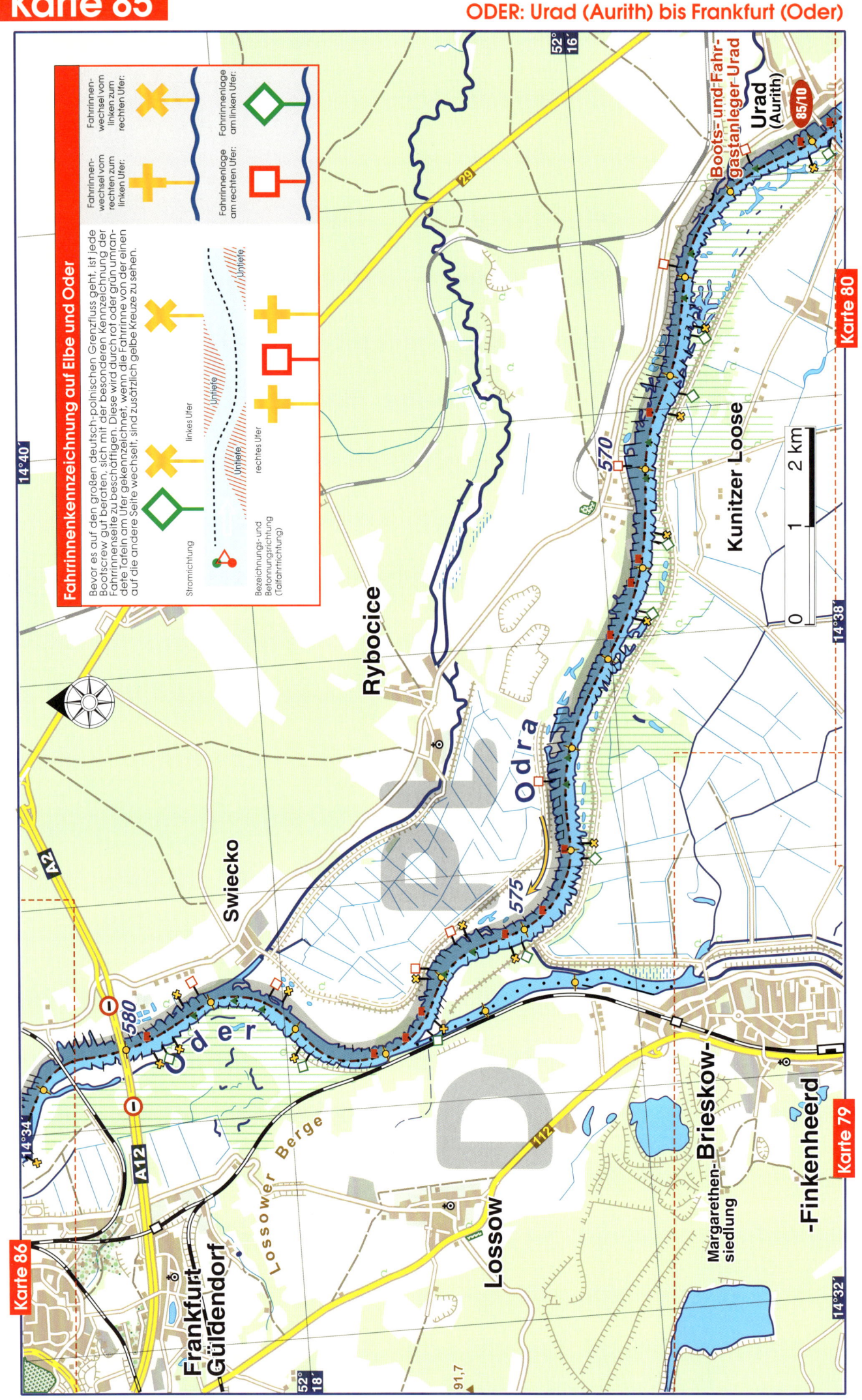

Karte 80

Karte 79

Karte 86

Fahrrinnenkennzeichnung auf Elbe und Oder

Bevor es auf den großen deutsch-polnischen Grenzfluss geht, ist jede Bootscrew gut beraten, sich mit der besonderen Kennzeichnung der Fahrrinnenseite zu beschäftigen. Diese wird durch rot oder grün umrandete Tafeln am Ufer gekennzeichnet, wenn die Fahrrinne von der einen auf die andere Seite wechselt, sind zusätzlich gelbe Kreuze zu sehen.

Urad (Aurith)

Boots- und Fahr- gastanleger Urad

85/10

Kunitzer Loose

Rybocice

Odra

Swiecko

Oder

Frankfurt Güldendorf

Lossower Berge

Lossow

Brieskow- siedlung

Margarethen- siedlung

-Finkenheerd

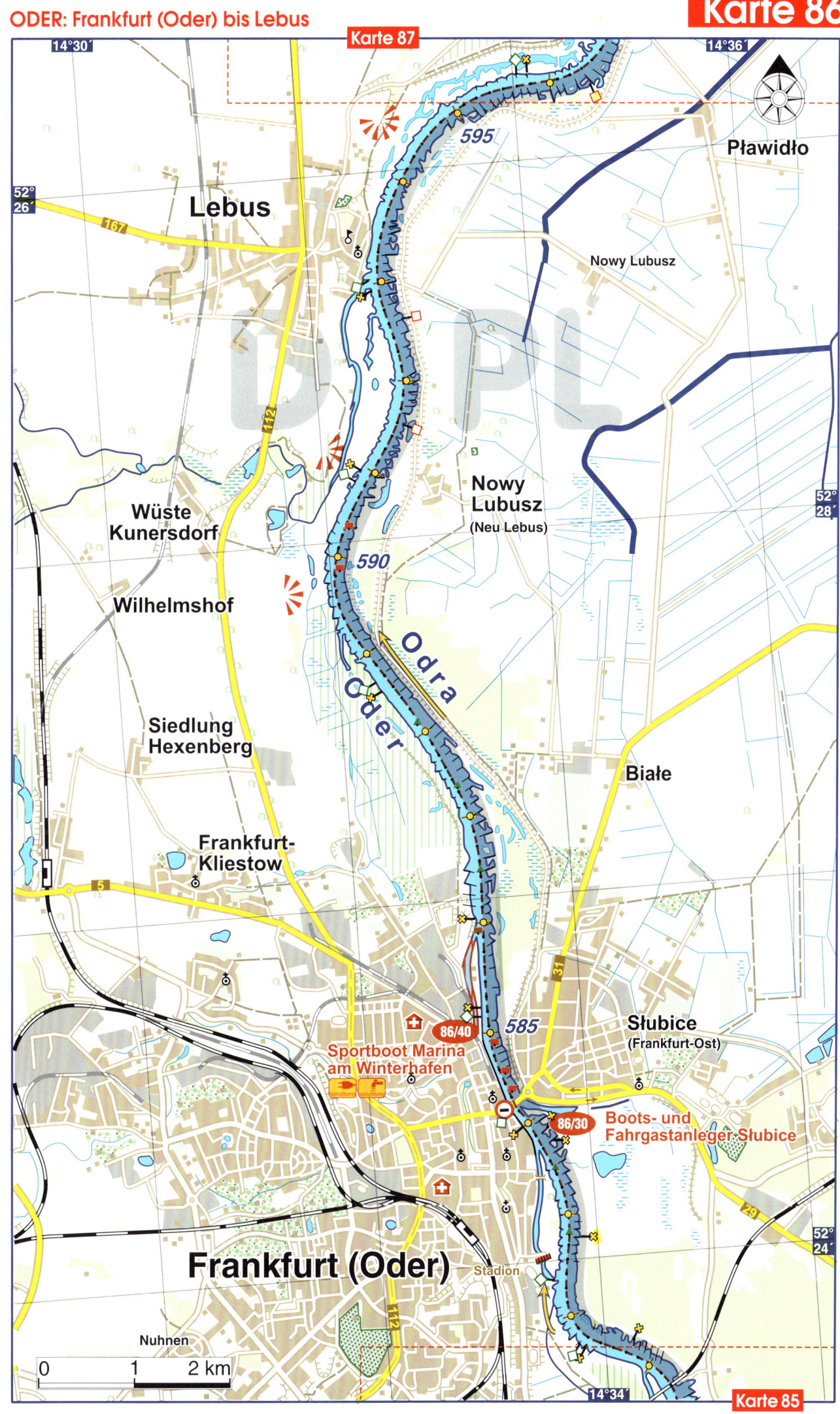

Karte 87

Pławidło

595

Nowy Lubusz

Lebus

Wüste Kunersdorf

Nowy Lubusz

(Neu Lebus)

Wilhelmshof

590

Odra

Oder

Siedlung Hexenberg

Białe

Frankfurt-Kliestow

Słubice

(Frankfurt-Ost)

86/40

Sportboot Marina am Winterhafen

585

86/30

Boots- und Fahrgastanleger Słubice

Frankfurt (Oder)

Stadion

Nuhnen

0   1   2 km

Karte 88

14°34´

14°38´

52° 22´

Manschnow

Neu Manschnow

Ługi Górzyckie

Herzershof

610

Rathstock

Alte Oder

Oder

Odra

605

Hathenow

Reitwein

Boots- und Fahrgastanleger Górzyca

87/20

Górzyca (Göritz)

52° 24´

Podelziger Loose

Reitweiner Sporn

77,1

Owczary (Tempelfeld)

Wuhden

52° 26´

Podelzig

Klessin

600

D PL

14°36´

Karte 86

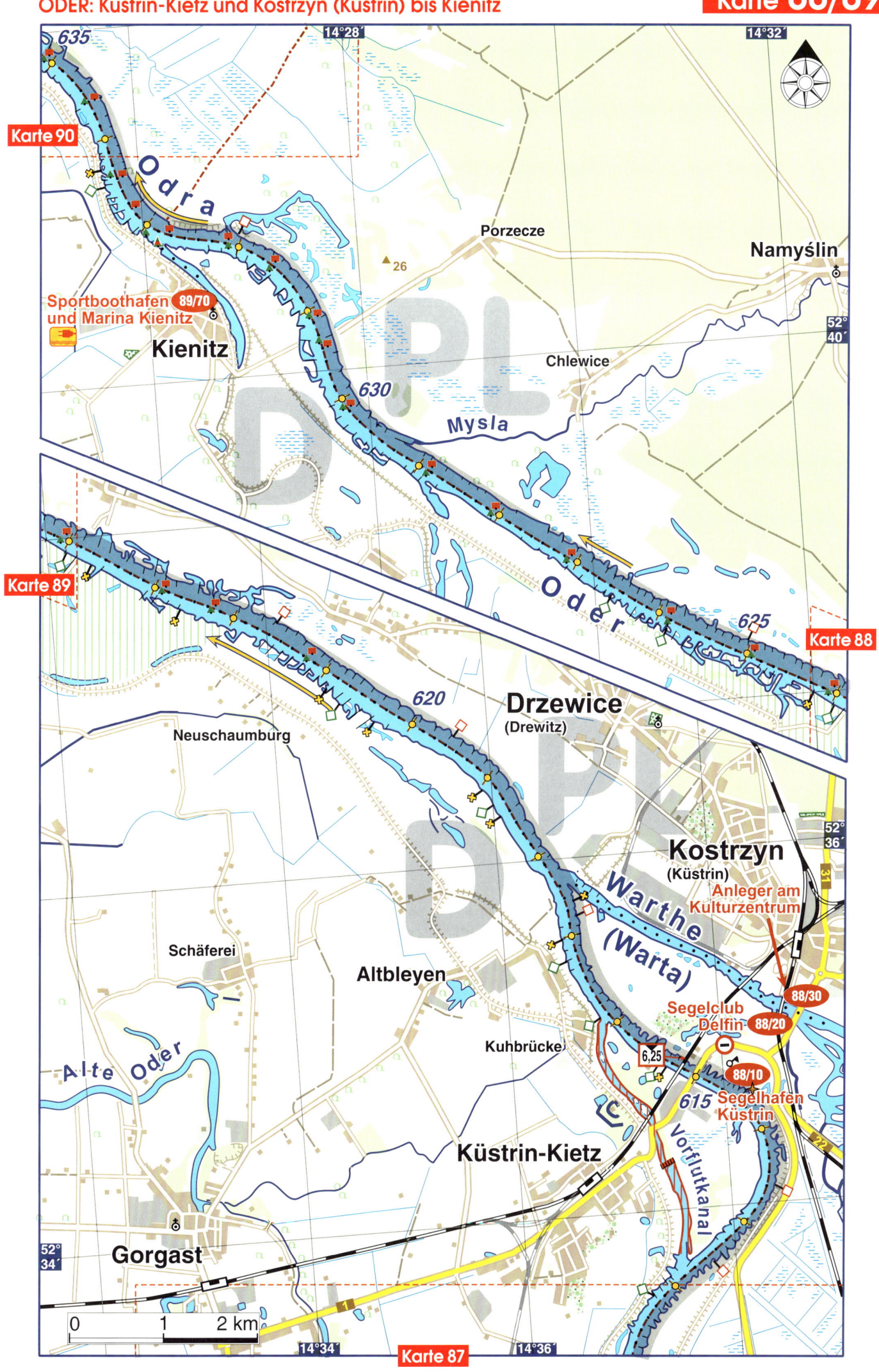

635

14°28'

14°32'

Karte 90

O d r a

Porzecze

Namyślin

52° 40'

Sportboothafen und Marina Kienitz   89/70

Chlewice

Kienitz

630

Mysla

26

O d e r

625

Karte 89

Karte 88

620

Drzewice (Drewitz)

Neuschaumburg

52° 36'

Kostrzyn (Küstrin)

31

Anleger am Kulturzentrum

Schäferei

Warthe (Warta)

Altbleyen

Segelclub Delfin   88/20

88/30

Kuhbrücke

6,25

88/10

Alte Oder

615

Segelhafen Küstrin

Küstrin-Kietz

22

Vorflutkanal

52° 34'

Gorgast

0   1   2 km

14°34'

14°36'

Karte 87

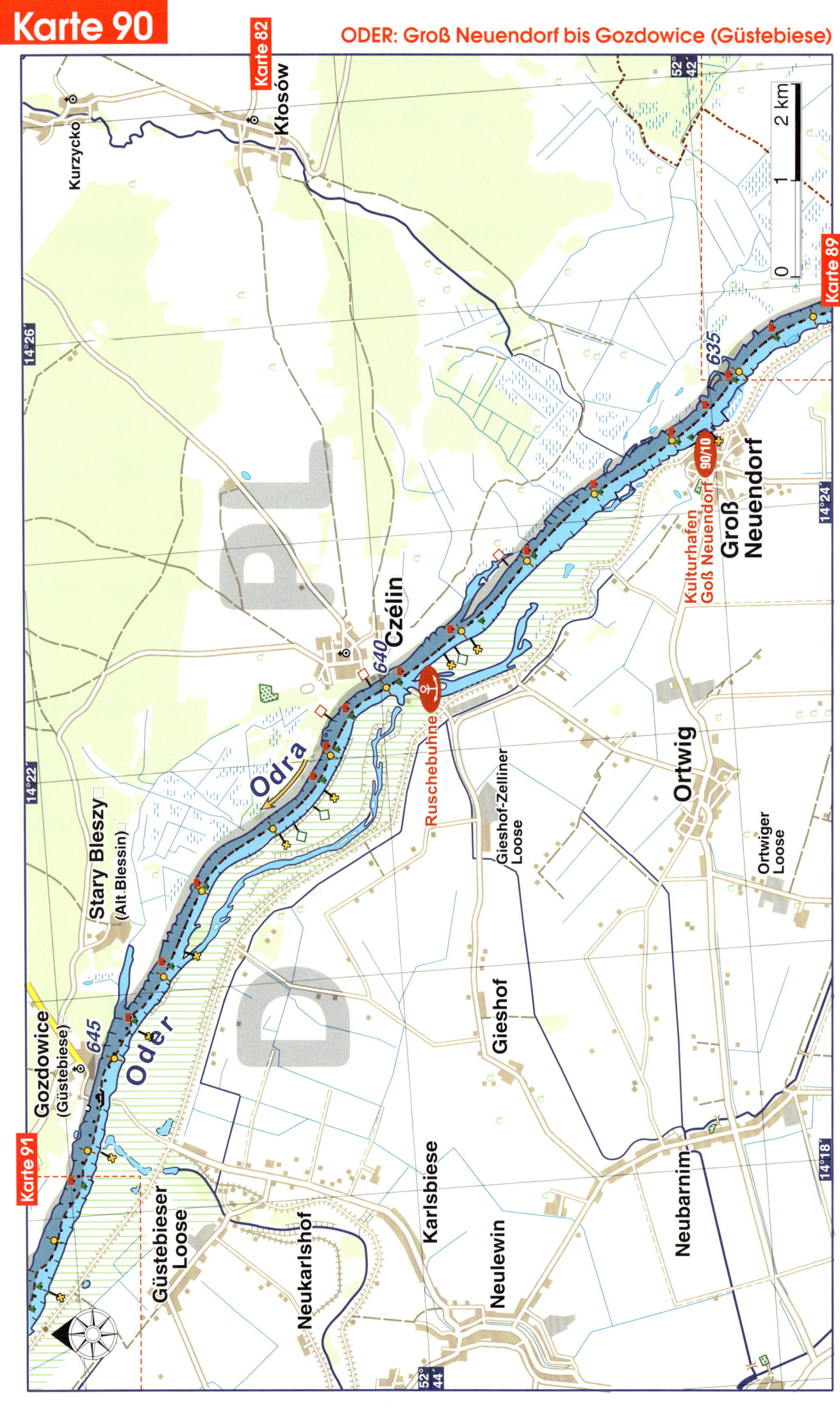

Kurzycko

Kłosów

Karte 89

2 km

1

0

635

Kulturhafen
Goß Neuendorf

90/10

Groß
Neuendorf

14°26'

14°24'

14°42'

52°

Czelin

640

Odra

Ruschebuhne

Ortwig

Gieshof-Zelliner
Loose

Ortwiger
Loose

Stary Bleszy
(Alt.Blessin)

14°22'

Oder

645

Gieshof

Gozdowice
(Güstebiese)

Karte 91

Güstebieser
Loose

Neukarlshof

Karlsbiese

Neulewin

Neubarnim

14°18'

52°
44'

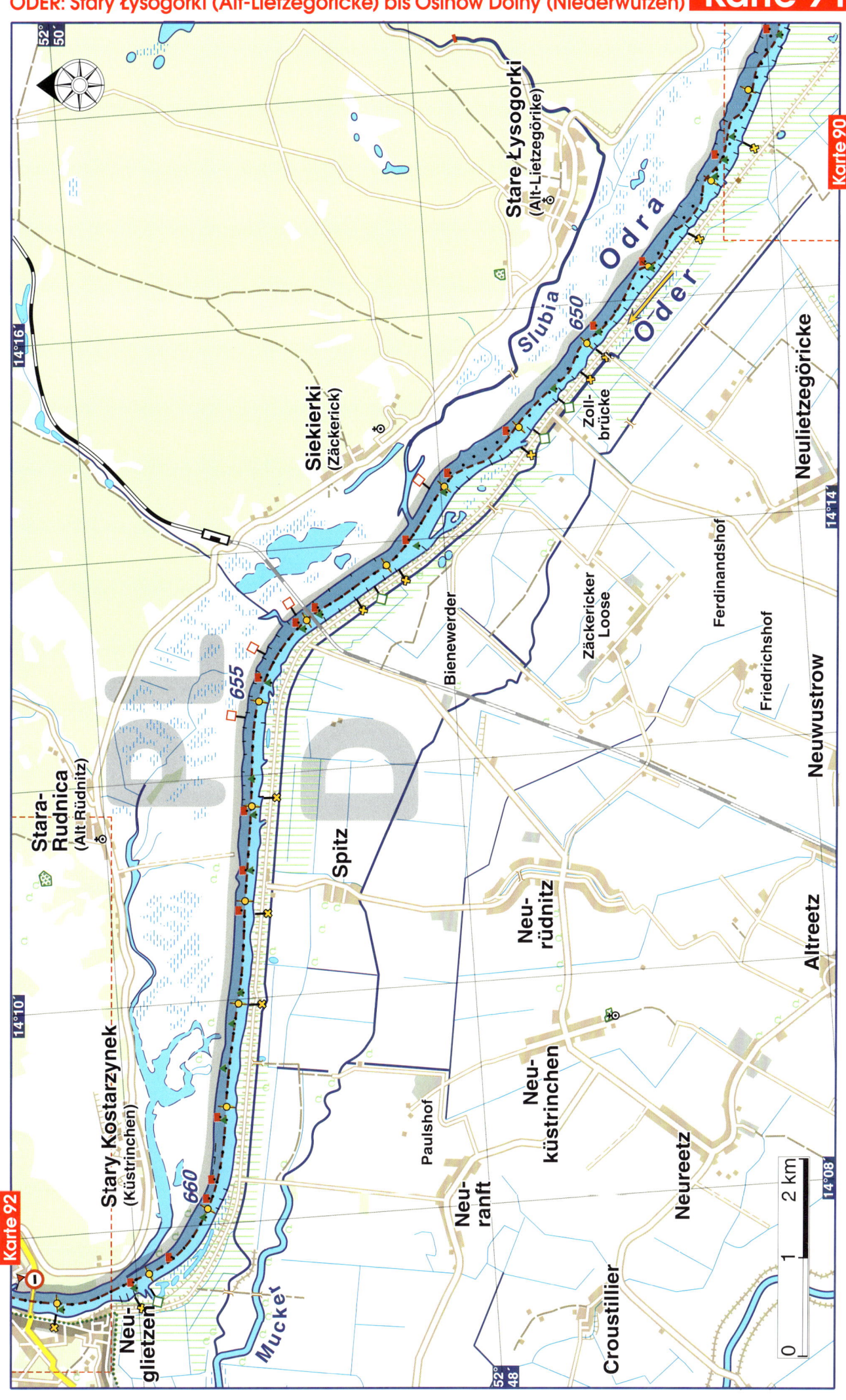

Karte 90

Karte 92

52° 50'

14°16'

14°10'

14°14'

14°08'

52° 48'

Stare Łysogorki
(Alt-Lietzegöricke)

Neulietzegöricke

Slubia

Odra

Oder

650

655

660

Siekierki
(Zäckerick)

Zoll-
brücke

Zäckericker
Loose

Ferdinandshof

Friedrichshof

Neuwustrow

Bienewerder

Stara-
Rudnica
(Alt Rüdnitz)

Spitz

Neu-
rüdnitz

Altreetz

Stary Kostarzynek
(Küstrinchen)

Paulshof

Neu-
küstrinchen

Neureetz

Neu-
ranft

Croustillier

Mucker

Neu-
glietzen

2 km

1

0

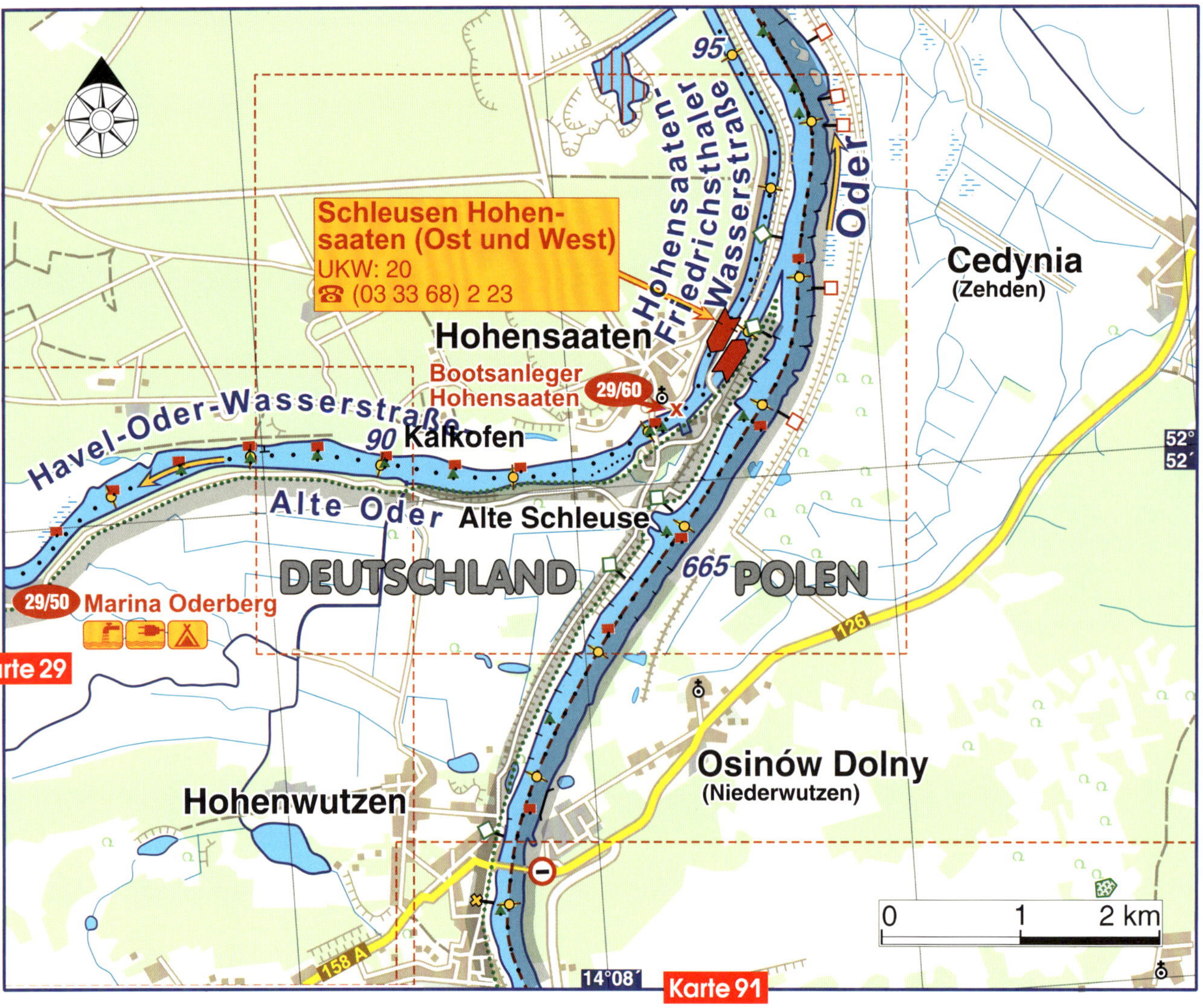

Schleusen Hohen-saaten (Ost und West)
UKW: 20
☎ (03 33 68) 2 23

Hohensaaten

Bootsanleger Hohensaaten

29/60

Hohenwutzen-Friedrichsthaler Wasserstraße

Oder

95

Cedynia (Zehden)

52° 52′

Havel-Oder-Wasserstraße

90 Kalkofen

Alte Oder

Alte Schleuse

DEUTSCHLAND

665 **POLEN**

126

29/50 **Marina Oderberg**

Karte 29

Osinów Dolny (Niederwutzen)

Hohenwutzen

158 A

14°08′

Karte 91

0 1 2 km

Nautische Nachrichten

Manchmal ist kein Durchkommen: Die Brückendurchfahrt gesperrt, der Schleusenwärter im Urlaub, der Stellvertreter krank, eine Anlegestelle weggespült – erstens kommt es anders und – überhaupt. Einerseits macht es den Reiz von Bootsferien aus, dass nicht alles perfekt planbar ist, man Neuem flexibel begegnen und an jeder Kanalecke ein neues Abenteuer warten kann. Andererseits gibt es bei Charterbooten feste Rückgabezeiten und auch die Fahrt nach Hause lässt sich nicht ewig verschieben. Da es so etwas wie Verkehrsfunk auf den mecklenburgischen und märkischen Gewässern nicht gibt, haben wir einen nautischen Informationsdienst eingerichtet.

Webseite
Wenn irgendwo Wartezeiten von zwei Stunden oder mehr drohen, sich die Schleusenbetriebszeiten ändern, eine Wasserstraße oder Durchfahrt gesperrt ist, berichten wir davon auf unserer Webseite unter www.quickmaritim.de unter dem Menüpunkt „Aktuelles –> nautische Nachrichten" (oder auf der Startseite auf den Slider „Sperrungen & Co klicken". Vor dem Törn empfiehlt es sich, hier mal vorbei zu surfen.

Facebook und Instagram
Ganz aktuelle Infos posten wir zusätzlich auf unseren Social-Media-Kanälen Facebook und Instagram. Wenn Sie beide Kanäle abonnieren, verpassen Sie keine Meldung mehr, auch wenn Sie nicht ständig auf unsere Webseite gucken. Bitte beachten Sie, dass Sie dafür auf „abonnieren" klicken müssen. Ein „Like" (so sehr uns das freut) reicht da nicht. Dieser Service kostet nichts. Sie finden uns auf Facebook und Instagram unter @quickmaritim.

Wann aktualisieren wir unsere Nachrichten?
Normalerweise an Werktagen ab zehn Uhr, es sei denn wir sind selbst unterwegs und/oder hocken im Funkloch.

Ist Ihnen etwas aufgefallen?
Brückenzug verschoben, Kneipe geschlossen, neue Telefonnummer? Teilen Sie uns Ihre Erfahrungen mit. Schreiben Sie eine Mail an post@quickmaritim.de, ein Fax an +49 (0) 3 98 23 - 2 66 99 oder einen Brief aus Papier an Quick Maritim Medien, Hafendorf Müritz, D-17248 Rechlin (Müritz)

Finden Sie uns auf:

@quickmaritim

Leben an Bord – Tipps für Einsteiger

Auf dem Wasser ist es anders. Deswegen sind wir ja mit dem Boot unterwegs. Aber das ist auch der Grund, aus dem man nicht alles wissen kann, wenn man zum ersten Mal zwischen Elbe und Oder unterwegs ist oder nach langer Zeit wieder an Bord ist. Glücklicherweise wurde das Bootfahren vor der Bürokratie erfunden, so reicht es in aller Regel, seinen gesunden Menschenverstand einzuschalten. Außerdem ist es eine gute Idee, alle Handlungen mit Freundlichkeit zu garnieren, dann bekommt man zumeist die Chance, kleine Fehler, die jedem mal passieren können, wieder gut zu machen.

Wo leg ich an?
Da, wo Platz ist. Meiden sollten Sie Liegeplätze, die mit roten Kärtchen oder Schildern markiert sind oder ähnlich gekennzeichnet sind. In größeren Marinas kommt oft der Hafenmeister auf den Steg, um Sie einzuweisen. Außerhalb von befestigten Stegen beachten Sie bitte die Umwelthinweise auf der Kartenseite 23.

Wie verhalte ich mich im Hafen?
Der erste Gang nach dem Anlegen führt ins Hafenbüro. Dort melden Sie sich und Ihr Boot an. Üblicherweise werden Sie nach folgenden Informationen gefragt: Bootsname, Bootslänge, eventuell Anzahl der Personen an Bord. Jetzt ist auch der richtige Zeitpunkt, um zu klären, ob Sie weiteren Service (Strom, Wasser, Abwasser, Duschmarken, WiFi-Passwort etc.) bekommen können.
Legt in Ihrer Nachbarschaft ein Boot an, ist es nett, wenn Sie dem anderen Boot behilflich sind, indem Sie zum Beispiel dessen Festmacherleinen annehmen, um einen Pol-

ler legen und wieder zurück an Bord geben. Im Hafen geht nichts über Bord. Keine Essensreste, kein Inhalt der Tanks, keine Klospülung, kein Deckswaschwasser, keine Gemüseabfälle aus der Küche und erst recht keine Zigarettenkippen. Wenn Ihr Boot keinen Tank für Abwasser und Fäkalien hat, benutzen Sie die Sanitäranlagen im Hafen. Das gilt grundsätzlich auch am Ankerplatz und wenn das Boot in Fahrt ist.

Ist Ankern überall erlaubt?
Grundsätzlich ja, es sei denn, es ist verboten. Dann stehen zumeist Schilder am Ufer. Ohne Schilder ist das Ankern da verboten, wo man mit seinem Anker, Ankerketten und Boot im Weg wäre (Stichwort gesunder Menschenverstand): auf Kanälen, in Einfahrten, an engen Stellen. Näheres finden Sie unten. Wenn auf einem See am Ufer ein Ankern-Verboten-Schild steht, gilt das bis zur Mitte des Sees. Steht auf der anderen Seite keins, können Sie näher an dieser Seite also ankern.

Darf ich mir ein Gläschen gönnen?
Klar. Aber nur eins. Auf dem Wasser gelten 0,5 Promille, wie an Land. Viele Charterfirmen setzen auch in Ihren Mietbedingungen eine Promillegrenze von 0,0 fest. Bevor die zweite Runde eingeschenkt wird, muss klar sein, wer verantwortlicher Schiffsführer ist und einen klaren Kopf behält. Es sei denn, das Boot liegt sicher im Hafen.

Muss ich die Fender einholen?
Grundsätzlich ist es gute Seemannschaft, die Fender nach dem Ablegen loszubinden und zu verstauen. Aber: Bei vielen Charterbooten kommt man da gar nicht ran. Außerdem gerät gerade eine ungeübte

Crew vor der Schleuse schnell in Hektik, wenn man zu spät merkt, dass ja die Fender noch weggepackt sind. Unser Rat: Lassen Sie die abfälligen Blicke alter Seebären an sich abperlen und die Fender hängen. Dann wissen Sie immer wo sie sind und wenn sich mal eine Brücke unerwartet dem Boot in den Weg stellt, haben Sie einen Prallschutz. Wer sein Boot liebt, hat Fender!

Wie ordentlich muss mein Boot sein?
Festmacherleinen sollten nach jedem Manöver griffbereit zurechtgelegt sein, damit sie beim nächsten Mal oder im Notfall nicht erst entwirrt werden müssen, sondern zügig zur Hand sind. Wichtige Verkehrswege (zum Beispiel der Weg vom Außen- zum Innenfahrstand und zu den vier Stellen des Bootes, an denen die Festmacher liegen, sollten frei bleiben. Außerdem ist es klug, Dinge, die beim herunterfallen kaputt gehen oder zersplittern, so abzulegen, dass sie nicht herunterfallen.

Muss ich immer Grüßen?
Das machen Bootfahrer so. Wenn Sie ein Fahrgastschiff mit vollbesetztem Sonnendeck grüßen, werden Sie eine Weile beschäftigt sein, aber viel Freude auslösen.

Darf ich auch mal Krach machen?
Na klar. Aber bedenken Sie, dass Geräusche, Musik und Sprache über das Wasser weitere Reichweiten haben als an Land. Wenn Sie also am Ankerplatz das Radio aufdrehen, hat auch die entferntere Nachbarschaft etwas davon. Und die muss eventuell am nächsten Morgen zur Arbeit. Ein Blick in die Karte hilft Ihnen, die ganz einsamen Ecken zu finden, wo nun wirklich keiner mehr ist.

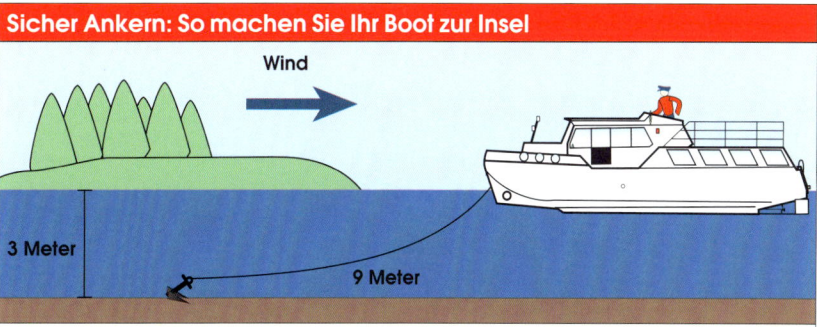

Sicher Ankern: So machen Sie Ihr Boot zur Insel

Die mecklenburgischen und märkischen Gewässer sind der richtige Platz, um eine Nacht in einer der kleinen Buchten vor Anker zu verbringen. Nicht alle Buchten sind flach genug, aber immerhin so viele, dass es gut möglich ist, auch im Hochsommer einen Platz für sich alleine zu finden. Also: Schöne Bucht suchen, Echolot anschalten und genau die Wassertiefe kontrollieren. Die meisten Hausboote haben nur um die zehn bis fünfzehn Meter Ankerkette an Bord, da sollte das Wasser nicht mehr als drei bis fünf Meter tief sein. Ein guter Ankerplatz hat mindestens an zwei Seiten Land in der Nähe, besser noch an drei. Auch muss er groß genug sein, damit das Boot reichlich Platz zum Schwojen (Kreisen um den Anker) hat. Für ein zehn Meter langes Boot sollte der Ankerplatz einen Durchmesser von 80 Metern haben.

Und so geht's: Gegen den Wind zum Ankerplatz fahren, dort aufstoppen und ein Drittel der erforderlichen Kette geben. Langsam vom Wind rückwärts treiben lassen und dabei nach und nach mehr Kette geben. Tipp: Nicht die ganze Kette auf einmal ausrauschen lassen, sie würde auf den Anker fallen und verhindern, dass sich das Eisen gut eingräbt. In diesem Fall würde der Anker nicht so gut halten. Wenn es wieder losgeht: Erst die Ankerkette wieder einholen, bis das Boot über dem Anker ist, dann erst Maschine starten und den Rest Kette einholen.
Noch ein Tipp unter Langschläfern: Versuchen Sie doch einmal gegen Sonnenaufgang einen Blick aus dem Salonfenster zu werfen. Sonne und Frühnebel schaffen da eine Kulisse, die auch Schlafmützen den Sand aus den Augen vertreibt.

Nur größere oder mit dem Motorboot befahrbare Gewässer, f = diese und die folgende Kartenseite, ff = diese und zwei oder mehr folgende Kartenseiten

ORTSREGISTER

Abkürzungen

Wasserstraßen

BHv	Brandenburger Niederhavel	
BRK	Brandenburger Stadtkanal	
BRW	Beetzsee-Riewendsee-Wasserstraße	
BSK	Berlin-Spandauer-Schifffahrtskanal	
BVK	Britzer Verbindungskanal	
CVK	Charlottenburger Verbindungskanal	
DaW	Dahme-Wasserstraße	
EHK	Elbe-Havel-Kanal	
El	Elbe	
FbW	Fehrbelliner Wasserstraße	
FiK	Finowkanal	
GK	Griebnitzkanal	
HvK	Havelkanal	
HnW	Hohennauener Wasserstraße	
HOW	Havel-Oder-Wasserstraße	
KHv	Ketziner Havel	
Lö	Löcknitz	
LWK	Landwehrkanal	
LyG	Lychener Gewässer	
MEW	Müritz-Elde-Wasserstraße	
MHW	Müritz-Havel-Wasserstraße	
MLK	Mittellandkanal	
MSW	Mittlere Spree-Wasserstraße	
Mü	Müggelspree	
NVK	Niegripper Verbindungskanal	
NK	Neuköllner Kanal	
OHW	Obere Havel-Wasserstraße	
PHv	Potsdamer Havel	
PVK	Pareyer Verbindungskanal	
RhG	Rheinsberger Gewässer	
RHv	Rathenower Havel	
RpG	Ruppiner Gewässer	
RüG	Rüdersdorfer Gewässer	
RVK	Rothenseer Verbindungskanal	
SOW	Spree-Oder-Wasserstraße	
SpK	Spreekanal	
StG	Storkower Gewässer	
StW	Stör-Wasserstraße	
TeK	Teltowkanal	
TIG	Templiner Gewässer	
TpG	Teupitzer Gewässer	
UHW	Untere Havel-Wasserstraße	
VKH	Verbindungskanal Hohensaaten	
WbG	Werbelliner Gewässer	
WHK	Westhafenkanal	
WtG	Wentower Gewässer	
ZeG	Zechliner Gewässer	

Sonstiges

A	Abladetiefe
AP	Außenpegel
BP	Binnenpegel
IP	Innenpegel
LU	linkes Ufer (in Fließrichtung)
m	Meter
NN	Normalnull
NU	nördliches Ufer
OP	Oberpegel
OU	östliches Ufer
RU	rechtes Ufer (in Fließrichtung)
S	schwankender Wasserstand
s.o.	siehe oben
SHW	Schiffshebewerk
Std.	Stunde(n)
SU	südliches Ufer
T	Tauchtiefe
UP	Unterpegel
W	Wassertiefe
WSA	Wasser- und Schifffahrtsamt
WU	westliches Ufer

Impressum

Törnatlas Mecklenburgische und Märkische Gewässer
8. Auflage 2021
© Quick Maritim Medien
Rechlin
Hafendorf Müritz
D-17248 Rechlin
Telefon: (03 98 23) 2 66-96
Telefax: (03 98 23) 2 66-99
post@quickmaritim.de
www.quickmaritim.de
ISBN: 978-3-9806720-5-4
Printed in Germany 2021
Alle Rechte vorbehalten! Ohne schriftliche Erlaubnis des Verlags darf das Werk, auch nicht auszugsweise, weder reproduziert, übertragen noch kopiert werden. Dies gilt auch für Vervielfältigungen, Übersetzungen, Mikroverfilmungen und Verarbeitung mit mechanischen oder elektronischen Systemen. Der entgeltliche oder unentgeltliche Verleih bedarf der schriftlichen Genehmigung des Verlags.

Recherche, Redaktion, Layout, Grafik, Satz und Produktion: Heike Meyer, Dagmar Rockel

Karten: Erhard Jübermann, Sara Hoffmann, Dagmar Rockel; Karten Seite IX und Rückseite: Heinz Huchtmann, Heike Meyer

Fotos: Florian Foest (Cover), Mats Kuhnle (Editorial), Madlen Krippendorf (Rückseite), Sylvia Pollex/Thomas Rötting (Cover), Dagmar Rockel (Kartenseite 30), Dennis Schmelz (Cover)

Repro, Druck, Bindung: RC-Druck, Albstadt

Danke: Bei allen, die uns bei den Recherchen unterstützt und uns mit Kraft und Knowhow geduldig zur Seite gestanden haben, möchte sich Quick Maritim Medien ganz herzlich bedanken.

Haftungsausschluss: Die in diesem Törnatlas enthaltenen Informationen sind nach bestem Wissen und Gewissen selbst, sowie mit freundlicher Unterstützung zuständiger Behörden recherchiert. Ausstattungen, Adressen, Telefonnummern, Vorschriften und so weiter können sich aber schnell ändern, so dass bei aller Sorgfalt Fehler niemals ausgeschlossen werden können. Selbst die beste Karte entbindet den Schiffsführer nicht von seiner Pflicht, sich stets über die in seinem Revier herrschenden Vorschriften, sowie die aktuellen Wetter- und Gewässerverhältnisse zu informieren. Für eventuelle Fehler oder missverständliche Angaben übernimmt der Verlag keine Haftung.